Los Años Increíbles

Los Años Increíbles

Guía de Resolución de Problemas para
Padres con Niños de 2 a 8 años de Edad

Carolyn Webster-Stratton, Ph.D.

Traducido y Editado por
Jorge Torres-Sáenz, Psy.D.
Aurora Peña-Torres
Arturo Gómez-Tagle y Pastrana, M.C. (c.)

The Incredible Years

A Trouble-Shooting Guide for Parents of Children Aged 2-8

Original copyright © 1992 by Carolyn Webster-Stratton *The Incredible Years A Trouble-Shooting Guide for Parents of Children Aged 3-8*, reprinted 1994, 1996, 1997, 1998, 1999, 2000, 2001, 2002, 2003, 2004, 2005, 2006.

Spanish edition copyright © 2009

Illustrations by David Mostyn
Book design by Janice St. Marie

Webster-Stratton, Carolyn
The Incredible Years

.

ISBN 978-1-892222-05-3

Publisher:

Incredible Years
1411 8th Avenue West
Seattle, WA 98119 USA
206-285-7565
www.incredibleyears.com

Printed in USA

Para mis padres Mary y Len,
mis hijos Seth y Anna,
mi esposo John

Contenido

Capítulo Tres: Recompensas Tangibles, Incentivos y Celebraciones   51

Capítulo Cuatro: Estableciendo Límites   71

Capítulo Cinco: Ignorar   83

Capítulo Seis: Tiempo Fuera para Calmarse   92

Capítulo Siete: Consecuencias Lógicas y Naturales   116

Capítulo Ocho: Enseñándole a los Niños a Resolver Problemas   124

Introducción

El criar niños entre las edades de tres a ocho años de edad puede ser difícil para ambos padres e hijos. Para los niños es un período de grandes transiciones cuando están cambiando de un mundo en dónde frecuentemente la fantasía y la realidad son confundidas con el mundo concreto en dónde reglas e ideas se vuelven permanentes. En un momento necesitan seguridad y afecto y en el siguiente necesitan ser independientes y probar que pueden hacer las cosas por sí mismos. Es el momento en que se enfrentan con los límites de su medio ambiente descubriendo lo que va a ser tolerado y lo que no. Cuando salen de la casa para asistir al preescolar y al kindergarten, encuentran que existen reglas y respuestas nuevas de otros adultos y niños. Conforme los niños tienen la experiencia de estos conflictos de necesidades y presiones podrían hacer berrinches, quejarse o ser destructivos cuando no obtienen lo que quieren; o podrían mentir o robar para obtener lo que desean o para ganar atención; o podrían retraerse en sí mismos y evitar situaciones que les asusten. ¿Sabía que una de cuatro interacciones sociales con otro niño en preescolar son agresivas o que aproximadamente el 70% de niños a los dos años exhiben por lo menos un berrinche al día?

Para los padres estas reacciones y conductas a menudo les sorprenden y en ocasiones son difíciles de manejar. Conforme sus hijos crecen de bebés a niños de edad preescolar, tal vez sienta usted una pérdida de control sobre sus experiencias y aun coraje cuando se rehúsan a cooperar. Probablemente sienta usted ansiedad acerca de su vulnerabilidad y la preocupación que les vaya bien en la escuela y con los amigos. Es común, que con frecuencia, se pregunte qué tanta disciplina o control necesiten comparado con que tanta libertad requieran. Podría sentirse culpable frecuentemente, por no haber manejado un problema más efectivamente o acerca de haber esperado demasiado de ellos. Y podría no darse cuenta de que tanta tensión es creada cuando los niños exhiben comportamientos inapropiados. De hecho, el criar a los niños es probablemente uno de los trabajos más difíciles que un adulto pueda desempeñar, pero probablemente también uno por el cuál se recibe la menor cantidad de entrenamiento y preparación.

He escrito esta guía para ayudar a los padres a decidir, resolver, las cuestiones con las que se enfrentan con los niños pequeños y para crear un ambiente en el que se pueda criar de una manera sensible, nutritiva y competente que promueva conductas sociales positivas en los niños así como para aumentar su autoestima. Estoy convencida de que al aprender las maneras más efectivas de ser padres, los padres podrán reducir las conductas problemáticas en sus niños antes de que lleguen a estar fuera de control y pueden fortalecer su competencia social, emocional y académica. Mientras que este libro ofrece estrategias detalladas y específicas, hay una serie de temas que se ejecutan a través de los capítulos.

Promoviendo la Crianza de manera Sensible y Responsable

Esta guía está basada en principios psicológicos de cómo el comportamiento es aprendido y cambiado. En lugar de tomar problemas de conducta como la culpa de un niño que se porta mal o de padres que son ineptos, creo que los padres más competentes son aquéllos que son sensibles a la interacción entre ellos y sus niños. En otras palabras, aprenden a cómo responder a los temperamentos de sus niños y a las señales que les dan sus niños de que están listos para aprender y utilizan esas señales para dirigir sus respuestas como padres. Por ejemplo, el padre que nota cuando su hijo se está frustrando y ofrece sólo el suficiente apoyo y guía (sin hacerse cargo) para dar al niño un sentido de logro. O el padre de un niño hiperactivo o impulsivo que ajusta sus expectativas para entender que su niño es socialmente y emocionalmente más inmaduro que otros niños de la misma edad y que necesita supervisión y apoyo adicional para aprender habilidades sociales y para dar un seguimiento a las instrucciones que se le den.

De cierta manera el padre es como un "entrenador" para sus hijos, entendiendo de lo que los niños son capaces de aprender (de acuerdo a su desarrollo y temperamento), animándolos por los pequeños pasos que den para dominar algo nuevo y guiándolos para lograr metas apropiadas con apoyo y cariño.

La regla de la atención

La "regla de la atención" es el principio fundamental en el que está basado mucho de lo que se propone en las siguientes páginas. Dicho sencillamente, es que los niños trabajan por la atención de los demás, especialmente sus padres, ya sea de naturaleza positiva (elogios) o negativa (críticas). Si los niños no reciben atención positiva, se esforzarán por la atención negativa a través de su mala conducta ya que recibir esto es mejor que ser ignorado. Por lo tanto, si quiere promover más conductas pro sociales necesita prestar atención a su hijo cuándo esté exhibiendo algunas de ese tipo de conductas.

Los niños cumplen con las expectativas de los padres sean positivas o negativas

Los niños reconocen las expectativas que los padres tienen para ellos mucho más rápido de lo que cree la gente. Si los padres clasifican a los niños de manera negativa diciéndoles que tan malos o incapaces son, los niños podrían llegar a creer esa imagen de sí mismos. Por lo tanto, los padres necesitan pensar de manera positiva acerca de sus niños y proyectar imágenes positivas de su futuro y de su habilidad para lidiar con éxito con situaciones. Declaraciones como "vamos a tratar de nuevo" y "podrás hacerlo mejor la próxima vez" y "te mantuviste calmado y tuviste paciencia aunque haya sido frustrante" les da a los niños confianza para aprender de sus errores.

Disciplina Sin Violencia

Los padres necesitan desarrollar una manera ética para su disciplina que les enseña a sus niños que existen consecuencias por el mal comportamiento y al mismo tiempo haciéndoles saber que son amados y que se espera que puedan hacerlo mejor la siguiente vez. La perspectiva que se está proponiendo es que hay serias desventajas con las nalgadas o el castigo físico como una estrategia de disciplina y muchas otras maneras no violentas que proveen mejores resultados a largo plazo para el desarrollo emocional y social del niño tanto como para la relación diaria entre los padres y los niños.

Acepte el Temperamento Único de cada Niño

La clave para usar este libro con éxito es que los padres comprendan, aprecien, acepten y se adapten al temperamento y desarrollo singular de cada niño en particular y realzar sus puntos fuertes tanto como aceptar sus limitaciones. Con Temperamento, me refiero al estilo natural, innato de comportarse y rasgos como el nivel de actividad, humor, intensidad, adaptabilidad, impulsividad y persistencia. Piense en sus niños, ¿son lentos y soñadores o caprichosos e hipersensibles, o quizás son muy sociables, frívolos y conversadores o por otro lado, reservados, algo retraídos y callados? Quizás alguno de sus niños es balanceado, maleable y cooperador y otro lo opuesto, terco, que se resiste al cambio y distraído.

Existe un rango enorme dentro de lo normal en cuanto se refiere a rasgos del temperamento. Estudios demuestran que del 10 al 20 por ciento de los niños que son normales tienen un temperamento que se puede considerar como "difícil". Estos niños son altamente activos e impulsivos y fácilmente distraídos y son para los padres mucho más difíciles de manejar. Esos rasgos de la personalidad no están relacionados con la inteligencia, están asociados con desarrollos neurológicos irregulares. Por consiguiente, es importante, si usted es el padre de uno de estos niños, recordar que estas conductas no son intencionales, ni tampoco son intentos deliberados para desbaratar sus esfuerzos. Y, aunque puede ayudar a los niños con temperamentos difíciles a manejar conductas y canalizar su energía en una dirección positiva, no puede fundamentalmente cambiar esos rasgos, y no hay porque hacerlo. Nadie puede cambiar a los niños que son hiperactivos, con mucha energía y bulliciosos en niños que sean callados y reservados. Ese esfuerzo no solo sería frustrante para los padres pero dañino para los niños. Cada uno de estos niños tendrá su propio tipo de ajustes que hacer en el mundo real y la mejor manera que les pueden ayudar los padres es siendo tolerantes, pacientes, aceptando y comprendiendo los temperamentos de sus niños para que puedan llegar a su máximo potencial.

Use la Patria Potestad Responsablemente

Una de las áreas básicas de confusión entre los padres es si una familia es democrática o no. Si los padres sienten que si los es, compuesto de iguales, entonces por lo general evitan ser líderes y se retraen de la disciplina. Pero una familia no es una democracia, o sea el poder no está dividido por igual entre los adultos y los niños. Para que los niños se puedan sentir seguros necesitan que los padres proporcionen control de comportamiento y la toma de decisiones en los primeros años porque los niños no saben cómo resolver problemas por sí solos. Se les necesita enseñar a compartir, esperar, respetar a los demás y aceptar responsabilidad por su comportamiento. A pesar de que establecer límites puede provocar frustración y resentimientos en los niños, les ayuda a aprender autocontrol y a balancear sus deseos tomando en cuenta los de los demás.

No obstante, los padres necesitan aprender a usar su poder responsablemente. Necesitan determinar cuáles problemas requieren disciplina firme y un seguimiento de cerca (como las conductas destructivas y la desobediencia) y cuáles se les puede dejar a la discreción de sus niños (como qué comer o cómo se visten). La clave es esforzarse por un práctico balance de poder. Así que, mientras los niños se porten apropiadamente, se les puede dar algún control; cuando se portan inapropiadamente, los padres tienen que asumir el control. Si a los niños nunca se les da ningún control en las relaciones de la familia, sucederán luchas por el poder y se esforzarán por obtener el control con maneras inapropiadas (como el rehusarse a vestirse). Con el fin de fomentar relaciones de cooperación en una familia y promover la autoconfianza

Mantenga sus antenas prendidas todo el tiempo.

y la eventual independencia en los niños, los padres deben evitar ser demasiado permisivos o autoritarios. Órdenes y disciplina necesarias deben ser balanceadas con afecto, elogio y sensibilidad a las necesidades especiales de los niños.

La práctica crea perfección
Conforme los padres prueban estrategias descritas en este libro con los niños, podrían sentirse falsos o artificiales, especialmente si es la primera vez que han usado alguna técnica en particular. Este sentimiento de torpeza es una reacción normal cuando la gente aprende algo nuevo. No se desanime por la aparente complejidad y no espere sentirse cómodo inmediatamente. Con la práctica estas habilidades de cómo ser padres se vuelven más naturales cuando se empiezan a usar de manera automática.

Todos los niños tienen problemas de conducta
Es importante recordar que es normal que los niños tengan problemas de conducta y que es probable que sean controlados si se les maneja apropiadamente. Aunque estos problemas no se les pueda eliminar, el ser creativos y tratando estrategias producirá una gran diferencia. Los padres no se deben sentir alarmados si después de un período inicial de progreso al manejar alguna conducta problema el niño vuelve a su conducta inicial. El progreso se desenvuelve en pasos adelante, regresiones, consolidación y más crecimiento.

Todos los padres comenten errores

Así como todos los niños tienen problemas de comportamiento, igualmente todos los padres sienten enojo, culpabilidad, frustración, impotencia e incompetencia a veces. Los padres, como los niños, aprenden, experimentan y cometen errores todo el tiempo. No se le hace un daño permanente a los niños cuando los padres se equivocan ya que ellos son extraordinariamente flexibles y resistentes. Lo más importante es que los niños perciban a sus padres aprendiendo contínuamente y lidiando con maneras más efectivas. El propósito de esta guía es para estimular ideas nuevas, advertir acerca de las dificultades que vendrán, reconocer oportunidades de aprendizaje y ayudar a los padres a encontrar lo que funcione mejor para ellos y sus hijos.

Disfrute la crianza de los niños

Como esta guía presenta lo que se debe y lo que no se debe hacer, cosas que recordar y cosas para evitar, los padres equivocadamente creen que existe una solución perfecta que se puede seguir consistentemente. O tal vez se preocupen que no haya lugar para la espontaneidad o la diversión. Esto no es verdad. Si los padres se sienten con la confianza adecuada y listos para problemas y errores que serán inevitables, habrá lugar para que exista flexibilidad, fantasía y creatividad. Por ejemplo, si un niño que es reservado finalmente se abre cinco minutos antes de ir a

Fomentando la resolución de problemas y las estrategias para lidiar efectivamente.

la cama, un padre sensible y seguro de sí mismo se dará cuenta que este es un buen momento para hacer una excepción a la regla y dejar que el niño se acueste más tarde. La consistencia es una virtud pero no cuando se vuelve una póliza inflexible. Una vez que los padres entienden el temperamento y la etapa de desarrollo de sus hijos, tanto como los principios básicos de conducta descritos en esta guía, pueden tratar diferentes estrategias, adaptar los consejos a sus prioridades y disfrutar el proceso creativo de cómo criar a los niños. En efecto, no existe un plan mágico o fórmula modelo para criar a los niños. Cada situación es diferente y es necesario que los padres inventen su propio estilo que trabaje mejor para ellos. Necesitan tener fé en sus hijos y en su propio sentido común e imaginación conforme ellos y sus hijos aprenden juntos.

Antecedentes para el Libro

Los Años Increíbles está basado en los estudios de la Clínica para Padres de la Universidad de Washington. Durante los últimos 25 años hemos colaborado con, estudiado y conducido programas para padres con más de 3000 personas quiénes tienen niños entre las edades de tres a ocho años con problemas de conducta. El propósito fundamental de estos estudios ha sido diseñar programas efectivos de tratamiento para ayudar familias cuyos hijos son muy difíciles de manejar. Como resultado hemos estudiado niños con problemas relativamente menores, como el quejarse y hacer berrinches, y aquéllos con problemas más severos como lo es el mentir o robar. También hemos trabajado con todo tipo de familias: familias con dos padres, con un solo padre, con padrastros, con padres adoptivos y padres de crianza. Hemos trabajado con familias de diferentes culturas incluyendo asiática, hispana, afro-americana y familias del este de África. No solo los hemos observado por lo menos ocho veces en sus casas pero también los hemos observado jugando con sus niños. Estos padres han compartido sus estilos de cómo criar a los niños, sus experiencias y sus problemas con nosotros. Además, hemos obtenido información de los maestros de éstos niños. Como resultado de estas investigaciones y tomando en cuenta el trabajo con las familias que tienen niños que exhiben pocos problemas en su comportamiento, hemos podido determinar las técnicas más efectivas de cómo criar a los niños. Esta información ha proporcionado la base de este libro.

Los datos de nuestros estudios indican que los padres que han tomado nuestros cursos han podido reducir las conductas inapropiadas y aumentar las aptitudes sociales y emocionales de sus hijos. Han aprendido ha ser padres sensibles que saben educar. Además, los padres reportan que se sienten seguros y cómodos con sus estrategias de disciplina. Es nuestro

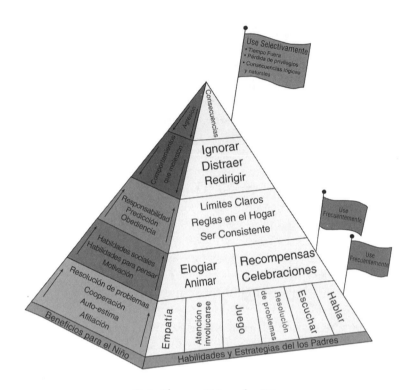

Pirámide para Criar a los Hijos.

deseo que al crear esta guía podremos alcanzar más padres y ayudarlos a manejar a sus hijos de edad pre-escolar y escolar con seguridad, alegría, respeto y un espíritu de cooperación. Si los problemas de una familia son relativamente ligeros, esta guía podría ayudar a suavizar algún borde áspero. Las familias involucradas en largas luchas tal vez no podrán cambiar lo que está pasando simplemente por leer la guía. En tales casos, deberán buscar el apoyo de un terapista para ayudar a hacer los cambios necesarios.

Cómo está organizada la guía

Es importante leer los capítulos en el orden en que son presentados puesto que cada uno está basado en conocimientos presentados en el capítulo anterior. Claro está, que los padres tendrán la tentación de pasar al primer capítulo que les interese más, o la situación con la que estén teniendo más dificultades. Sin embargo, se les recomienda a los padres que comiencen al principio del libro y que lean toda la guía. Cómo se puede ver en el dibujo de la pirámide a continuación, los tres primeros capítulos se enfocan en construir la base de la pirámide a través de aprender maneras de cómo criar a los niños que fomentarán un fuerte lazo o cariño entre usted y su hijo. Esta relación positiva le dará oportunidades para promover conductas positivas y construir el auto estima de su niño y su competencia social. Muchos padres encuentran que cuando se enfocan en el material expuesto en estos capítulos requieren menos disciplina o que la disciplina es más fácil. Conforme logramos un progreso subiendo la pirámide los capítulos cuatro y cinco se enfocan en cómo establecer límites con los niños y cómo responder cuando los niños no obedecen. Los siguientes dos capítulos exploran otras maneras no violentas que le ayudarán a los padresa evitar confrontaciones y a reducir conductas negativas. El capítulo ocho se enfoca en enseñar a los niños a cómo resolver problemas para que puedan aprender a lidiar con conflictos y puedan crear sus propias soluciones a los problemas. El capítulo nueve se enfoca en la regulación emocional y el capítulo diez en habilidades para crear amistades.

En resumen
El desarrollo social, emocional y académico de los niños es un proceso increíble ¡al igual que el crecimiento y desarrollo de los padres! Dése permiso de gozar de éste proceso confiando en sus instintos, aprendiendo de sus errores, riéndose de sus faltas e imperfecciones, obteniendo el apoyo de los demás, tomándose tiempo para usted mismo, y a través de la diversión con sus niños. Son los años increíbles, con todas las lágrimas, sentimientos de culpabilidad, enojos, risas, alegría y amor.

PRIMERA PARTE

Fundamentos para una Crianza Exitosa

CAPÍTULO UNO

Cómo Jugar Con Su Niño

Existe una creencia general en nuestra sociedad de que el tiempo que pasan los padres jugando con los niños es un tiempo superfluo e improductivo productivo. La profunda convicción de que el juego es superfluo se refleja en comentarios como: "ella está jugando únicamente", o "Deja de estar jugando", o "¿Por qué molestarse en enviarlos a preescolar? Todo lo que ellos hacen es jugar". También se refleja en la tendencia de los padres de tratar de enseñar una variedad de habilidades en vez de *simplemente* jugar con sus niños. En una sociedad que enfatiza enormemente los logros en la escuela, el éxito económico, y la importancia del trabajo, es difícil dejar la idea de que jugar es pérdida de tiempo.

Pero deberíamos dejar esta idea porque el juego beneficia a los niños de muchas maneras; dándoles oportunidades para que aprendan quiénes son, lo que pueden hacer, y cómo relacionarse con el mundo que los rodea. Algunas veces los padres se llegan a dar cuenta de los beneficios del juego pero no ven la necesidad de involucrarse personalmente en él. Creen erróneamente que el juego es instintivo—una de las cosas que los niños pueden hacer por sí mismos sin ayuda del adulto. Es cierto que los niños más pequeños se involucran en cierta cantidad de juegos espontáneamente, pero también es cierto que el instinto hacia el juego creativo desaparece gradualmente si no existe una intervención adulta que estimule su desarrollo.

Por estas razones y muchas más es importante que usted juegue con sus niños. El juego ayuda a establecer relaciones cariñosas y fuertes lazos entre los miembros de la familia, al igual que ayuda a crear un *depósito de sentimientos y experiencias positivas* los cuáles se pueden usar en tiempos de conflicto. A través del juego, usted le puede ayudar a sus niños a resolver problemas, a experimentar nuevas ideas, y a explorar su imaginación. De igual forma el juego con adultos, promueve al desarrollo de vocabulario, de esa forma los niños aprenden a comunicar sus pensamientos, sentimientos, y necesidades. También les ayuda a interactuar socialmente enseñándoles a cómo tomar turnos, a compartir y a ser sensibles a los sentimientos de los demás. Mayormente, jugar es un momento en el que usted puede responder a sus niños de forma que promueva sentimientos de autoestima y competencia. Estudios han demostrado que los niños tienden a ser más creativos y a tener menos problemas de conducta si sus padres se involucran en *hacer creer y fantasear* cuando sus hijos son pequeños.

Desgraciadamente, el hecho es que la mayoría de los papás no juegan con sus niños y, muy frecuentemente, la razón es sencillamente que no saben cómo. Por lo tanto, las siguientes páginas ofrecen algunos consejos de cómo jugar con sus niños y de cómo evadir algunos de los errores más comunes con los que se encuentran los papás cuando juegan con sus niños.

Siguiendo el liderazgo de su niño

Algunos padres tratan de estructurar el juego de sus niños dándoles instrucciones de cómo hacer algo—cómo construir un castillo en la forma *correcta*, hacer una tarjeta perfecta para el día de la amistad, o completar un rompecabezas correctamente. Posiblemente ellos creen que esto hará del juego una actividad que valga la pena. Desgraciadamente, el resultado de este énfasis excesivo en lo que pudiera ser el resultado final del juego resulta en una serie de órdenes y correcciones que usualmente hace que la experiencia de los niños y de los adultos sea poco satisfactoria.

Considere por ejemplo qué es lo que pasa cuando Lisa y su mamá se sientan a jugar con la nueva casa de muñecas de Lisa. La mamá dice, "Primero vamos a poner el refrigerador y la estufa en la cocina". Lisa sugiere un lugar para la cocina, pero su mamá responde, "Está bien, pero todas estas otras cosas de la cocina también deben ir ahí". Y luego le dice, "Los muebles de la sala deben de ir aquí". Conforme Lisa empieza a acomodar algunos de los muebles en la sala, su mamá le muestra dónde poner las cosas del baño. Pronto, Lisa deja de jugar, se sienta a distancia, y observa a su madre organizarlo todo en los cuartos *correctos*. A partir de ahora, es la mamá de Lisa la que está jugando sola sin tener idea de lo que Lisa hubiera querido hacer con la casa de muñecas. Si ella se hubiese esperado, podría haberse dado cuenta que el juego de Lisa era altamente imaginativo, con camas que podrían volar, y muebles de la sala en todos los cuartos.

El primer paso para jugar con sus niños es el de seguir su liderazgo, las ideas, y la imaginación de los niños en lugar de imponerles las suyas. No les estructure u organice actividades a través de órdenes o instrucciones. No trate de enseñarles nada. Por el contrario, imite sus acciones y haga lo que le pidan. Pronto descubrirá que, cuando se les da el mando y les da la oportunidad de ejercer su imaginación, se involucran y se interesan más en el juego y aumenta su creatividad. Esta conducta puede promover el desarrollo de la habilidad de sus niños para jugar y para pensar independientemente.

Regule el juego según las habilidades de su niño

Cuando los niños más pequeños están jugando, tienden a repetir la misma actividad una y otra vez. ¿Cuántas veces no ha visto a un niño llenar y vaciar repetidamente una caja?, ¿Cuántas veces no se ha sentido molesto cuando el niño le ha pedido leer la misma historia una y otra vez? Ciertamente el juego repetitivo del niño pronto aburre a la mayoría de los papás y existe la tentación de acelerar el ritmo introduciendo una idea nueva o una manera más compleja de usar el juguete. La razón es que los niños necesitan ensayar y practicar una actividad a fin de dominarla y sentirse seguros de sus habilidades. Si se les fuerza a hacer una actividad nueva, se pueden sentir incapaces. O pueden sentirse frustrados o renunciar a jugar con sus papás porque sienten que el reto es demasiado grande. En última instancia, sentirán que no tienen la capacidad para satisfacer las expectativas de sus padres.

Asegúrese de que el paso que lleva en el juego sea basado en el ritmo del niño. Déle suficiente tiempo para que pueda usar su imaginación. No lo presione, simplemente porque usted esté aburrido con la actividad. Espere hasta que él decida hacer algo diferente por sí mismo. Recuerde que los niños siguen un paso mucho más lento cuando cambian de idea que los adultos. Siguiendo un paso más lento ayudará a aumentar el rango de atención del niño y lo alentará para concentrarse en una sola actividad por un período mayor.

Sea sensible a las señales de su niño

Hay veces que los padres presentan ideas para jugar o juguetes que son demasiado avanzados para el nivel de desarrollo del niño. Por ejemplo, un padre podría pensar que su niña de 3 años está lista para aprender a jugar gatos o para armar un rompecabezas. Conforme él le intenta enseñar, él puede descubrir que ella se resiste. Muy posiblemente, esta resistencia ocurre porque ella no está lista, de acuerdo a su nivel de desarrollo, para esta actividad y se sienta frustrada al pedirle que haga algo que no entiende.

Cuando usted juegue con su niño, ponga atención a las señales que ella le está dando. Si ella no está interesada en jugar con un rompecabezas o en aprender un juego nuevo, haga alguna otra cosa que ella quiera hacer. Usted puede ofrecerle diferentes actividades de vez en cuando y, cuando demuestre interés, usted puede responder apoyándola. No importa cuál sea el juego, lo importante es que usted le de tiempo al niño para pensar, explorar, y experimentar. No le preocupe si los gatos o juegos de cartas son transformados en algo totalmente diferente para lo que fueron hechos como: boletos para una película, algún juego giratorio, o en un diseño creativo.

Evite conflictos de poder

¿Se ha encontrado alguna vez en un conflicto de poder con su niño acerca de quién ganó un juego, de cuáles son las reglas, o de cuál es el mejor dibujo? Si le ha pasado, no es al único. Muchos padres sin darse cuenta empiezan una relación competitiva con sus hijos. Por ejemplo, cuando están jugando un juego de mesa, pueden sentir que es necesario enseñarles a los niños a jugar siguiendo las reglas debidas y a que sepan perder. O, simplemente los padres pueden hacer su parte de una actividad tan bien que los niños no pueden dejar de sentirse incompetentes. Considere a una mamá y a su hijo quienes están jugando con unos cubos para construir algo. Por algunos minutos, Memo está absorto en conseguir que la primera pared de su casita permanezca de pié. Cuando lo logra, busca la mirada de aprobación de su mamá, únicamente para descubrir que la mamá ya tiene una casa entera completamente terminada. Memo se siente inadecuado y también siente que de alguna forma él está envuelto en una competencia con su mamá, una, mayormente, para la que él no está preparado para ganar. Bajo esta circunstancia, Memo podría darse por vencido jugando o podría empezar a hacer otra cosa para obtener control de la situación como por ejemplo, hacer un berrinche.

Lo más importante de jugar con los niños es fomentarles sentimientos de logro y de independencia y de proveerles con oportunidades legítimas de control y de poder. De hecho, a los niños pequeños, se les dan pocas oportunidades para ello,

Evite luchas innecesarias.

en sus interacciones con los adultos. El juego es la única actividad donde ellos pueden tener un control legítimo y pueden, hasta cierto punto, establecer sus propias reglas.

Los niños de edad preescolar todavía no entienden, en realidad, las reglas de los juegos de mesa y de las cartas. No es sino hasta los siete u ocho años de edad cuando empiezan a manifestar signos de cooperación interactiva, y aún entonces, su entendimiento de las reglas puede ser de alguna forma vago. Sin embargo, pueden gozar del juego con adultos en la medida en que la competencia excesiva y las reglas se eviten. Si ellos inventan reglas que les permitan ganar, esto debe permitírseles. No necesita preocuparse en cuanto a que su niño no aprenda a perder. Muchos otros aspectos de su vida se lo van a enseñar y si usted coopera con las reglas que ellos inventen, y muestra aceptación, entonces va a ser más probable que ellos sigan las reglas que usted les ponga en otras situaciones.

Elogie y aliente las ideas y la creatividad de su niño

Es muy fácil caer en la trampa de corregir a los niños cuando están jugando. ¿Cuántas veces no se ha oído usted mismo decir: "¡No, eso no va allí!" o, "Esa no es la manera correcta de hacerlo"? Este tipo de críticas o correcciones, eventualmente, hacen que los niños se predispongan negativamente a explorar sus propias ideas o experimentar con sus juguetes. También tienden a promover en los niños impotencia de hacerlo por sí solos, porque la atención de los papás está enfocada en lo que están haciendo mal en lugar de en el comportamiento adecuado. Este tipo de énfasis de los padres, en vez de alentar el proceso creativo, les comunica a los niños que la meta del juego es la perfección. No juzgue, corrija o contradiga a sus niños mientras está jugando con ellos. Crear y experimentar es lo importante y no el producto final. Tenga en cuenta que el juego de los niños no tiene que tener ningún sentido para usted: los coches pueden volar, los caballos pueden hablar. Durante el juego enfóquese en lo que el niño está haciendo socialmente apropiado. Por ejemplo, usted puede decirle, "¡Eso es magnífico!", "Tu jirafa es de un color rojo muy bonito", o "Has creado tu propio juego, ¡Qué emocionante!" Piense en maneras diferentes de elogiar los pensamientos, las ideas, y las conductas de sus niños. Usted puede reforzar una infinidad de habilidades en su niño, como su concentración, su persistencia, sus esfuerzos por resolver problemas, su inventiva, la expresión de sus sentimientos, su cooperación, su motivación, y su auto-confianza. Como un ejercicio para aprender cómo hacer esto, trate de elogiar cada dos o tres minutos algo que el niño esté haciendo.

Aliente el entendimiento emocional a través de la fantasía o juego imaginario

Algunos adultos son renuentes a involucrarse en juegos imaginarios: a gatear en el piso haciendo ruidos de tren o representar un cuento de hadas. Se sienten ridículos y avergonzados. Da la impresión, en particular los papás, de sentirse a disgusto jugando con muñecas o disfrazándose cuando juegan con sus niños. Otros padres, nos comentan que ellos consideran que el actuar y el juego de fantasía es señal de problemas emocionales del adulto.

El fomentar la actuación en el juego de los niños, es importante, no sólo porque le ayuda al niño a construir mundos imaginarios, a pensar de manera creativa y a aprender a contar cuentos pero también porque le ayuda a los niños a aprender a como regular sus emociones y compartir sus sentimientos. Cuando los niños juegan a actuar, están aprendiendo a manipular representaciones de las cosas en lugar de los objetos concretos en sí mismos. La mayoría de los niños sanos hacen esto alrededor de los tres años y algunos ya desde los 18 meses. Compañeros imaginarios son comunes entre los niños de cuatro años. El juego que involucra la fantasía aumenta a medida que crece el niño y después empieza a desaparecer. Es importante que usted promueva este tipo de juego porque ayuda a los niños a desarrollar una variedad de habilidades mentales, sociales,

Promueva la imaginación.

y emocionales. Permita que cajas y sillas se vuelvan palacios o casas y que las figuras de muñecas se vuelvan parientes, amigos, o alguno de sus personajes favoritos de las caricaturas. La fantasía ayuda a los niños a pensar simbólicamente y les da una mejor idea de lo que es real y de lo que no lo es. Jugar a actuar diferentes papeles, les permite experimentar los sentimientos de otras personas, lo cual les ayuda a entender y hacerlos sensibles a las emociones de otros. Aliente el uso de títeres, el ponerse diferente tipo de ropa, teléfonos de juguete, dinero de mentira, o discusiones imaginarias con diferentes personajes. Es más probable que los niños compartan sentimientos dolorosos o de miedo con sus padres dentro del contexto de la fantasía del juego o con títeres.

Sea un público que aprecia al niño

Es importante ser un buen público cuando juega con su niño. Algunos papás se involucran tanto en lo que están jugando que ignoran a su niño o controlan lo que están haciendo. Los niños terminan observando mientras los padres juegan. ¿Recuerda a la mamá de Lisa? ¿Y a Guillermo, quien terminó sintiéndose molesto y frustrado porque no pudo hacer un trabajo de construcción como lo hizo su mamá?

Cuando juegue con sus niños trate de enfocarse en ellos en lugar de involucrarse en lo que usted está haciendo. El tiempo de juego es una de las pocas situaciones en la que el niño puede ejercer cierto control, tanto cuanto, ellos se porten adecuadamente. Es también una de las pocas situaciones en que puede tener su aprobación lo que están haciendo sin tantas reglas y ni restricciones acumuladas durante ese tiempo. Trate de pensar en que usted es un público que sabe apreciar. Observe lo que estén haciendo y creando y aliente sus esfuerzos. Si usted siente la urgencia de hacer o construir algo, esperece hasta que el niño esté dormido y entonces puede hacerlo.

Use comentarios descriptivos

En ocasiones los papás tienen la costumbre de hacer una cadena de preguntas a los niños cuando están jugando. "¿Qué animal es ése?", "¿Cuántas manchas tiene?", "¿De qué forma es?", "¿En dónde va esto?", "¿Qué estás haciendo?" Al hacer tantas preguntas, la intención de los padres por lo general es ayudar a que los niños aprendan. Con mucha frecuencia tiene el efecto contrario, causando en ellos el que se pongan a la defensiva, guarden silencio, y sean renuentes a hablar libremente. De hecho, el hacer preguntas, especialmente cuando los padres ya saben las respuestas, es en realidad un tipo de orden porque requiere que el niño haga algo. Las preguntas que hacen que el niño defina lo que está haciendo, muchas veces suceden antes de que el niño haya pensado acerca del producto final o haya tenido la oportunidad de explorar sus ideas. El énfasis termina por ser en el producto, en vez de que sea en el proceso del juego. Y cuando las preguntas son contestadas, frecuentemente, los padres no responden dando un criterio o un reforzamiento. Éste tipo de omisiones puede comunicar una pérdida de interés o de entusiasmo.

Usted puede mostrar interés en el juego de sus niños simplemente describiendo y dando comentarios apoyando lo que están haciendo. Este acercamiento motiva activamente el desarrollo del lenguaje. Por ejemplo, usted podría decir, "Estás poniendo el coche en la cochera", "Ahora está cargando gasolina", etc. Muy pronto encontrará que sus niños espontáneamente imitarán sus comentarios. Podrá entonces elogiar sus esfuerzos por aprender y ellos se sentirán emocionados por lo que han logrado. Los comentarios descriptivos son comentarios inmediatos en relación a las actividades de sus hijos y se parecen a un anunciador de deportes cuando esta describiendo jugada por jugada en un juego. Como es una forma nueva de comunicarse con el niño, usted se puede sentir incómodo al principio cuando intenta hablar por primera vez de ésta forma. Esta incomodidad disminuirá conforme practique esto en diferentes situaciones. Si es usted persistente, encontrará que a los niños les gustará este tipo de atención y que ésta forma de comunicación les ayudará también a los niños a mejorar su vocabulario (¡Note que, imitaciones que usted haga del croar de las ranas, del ladrido de los perros o el gruñido de los puercos, también constituyen un tipo de comentario descriptivo!).

Si usted hace preguntas asegúrese de limitar el número de ellas y de completar lo que les esté enseñando. Esto significa que cuando usted hace una pregunta a la respuesta que le den, la deberá seguir con un comentario positivo y alentador no crítico. Los niños deben ser alentados por acciones que hagan en forma independiente y se les debe dar la oportunidad de que respondan sin interferencias. Por ejemplo, si usted pregunta, "¿Qué animal es ése?" Y su hijo responde, "Es una jirafa", usted puede añadir, "¡Oh, una jirafa! Realmente conoces a tus animales. Y no sólo eso, es una jirafa morada". Su respuesta positiva ayuda al niño a que se esfuerce por contestar y aumente la respuesta agregando información.

Utilice entrenamiento académico para promover la preparación de habilidades escolares

Además de describir lo que están haciendo sus niños cuando están jugando, también puede describir atributos de los objetos con los que están jugando como son sus colores, las formas, los números, los tamaños (largo, corto, alto, más pequeño que) y posiciones como: arriba,

Piense que usted es un locutor reportando jugada por jugada.

abajo, de un lado, junto a, detrás. Por ejemplo, podría decir, "Estás poniendo el cubo azul junto al cuadrado amarillo, y el triángulo morado está encima del rectángulo rojo largo". Este tipo de lenguaje le ayudará a su niño a entender conceptos académicos y a construir el vocabulario necesario para actividades relacionadas con la escuela. Además, puede usted alentar la conducta de sus niños cuando están portándose correctamente, comentando acerca de su habilidad para razonar bien, escuchar con cuidado, trabajar independientemente, persistir en una tarea difícil y seguir instrucciones. Esto puede ayudar especialmente para aumentar la habilidad del niño para mantener su atención o su concentración en alguna actividad por períodos más largos.

Utilice el dirigir emocionalmente para promover un desarrollo emocional

Las estrategias para dirigir que se usan para enseñar a los niños acerca de sus emociones son paralelas a las estrategias para enseñarles acerca de conceptos académicos. Primero que nada, identifique, nombre y describa los sentimientos de sus niños cuando juegue con ellos. Señale y comente cuando estén calmados, contentos, con curiosidad, relajados, emocionados, confiados, orgullosos, frustrados o tensos. Ésta es una manera muy útil para ayudar a que los niños asocien su estado emocional con la palabra que lo describe y será muy útil en desarrollar su vocabulario relacionado con sentimientos. En un momento dado podrán expresar sus sentimientos independientemente a los demás. Para los niños que tienen un sentimiento predominante (como enojo o miedo o tristeza) puede ser útil el ampliar su repertorio de sentimientos ayudándoles a que estén más conscientes de los momentos en que estén calmados, teniendo sentimientos de gozo o positivos. También es útil unir comentarios referentes a sentimientos negativos, con afirmaciones positivas ante comportamientos difíciles que les sirven para enfrentar la situación, por ejemplo, "Te ves molesta porque se te cayeron tus cubos, pero veo que te mantienes tranquila e intentas nuevamente".

Los padres también pueden compartir sus propios sentimientos de gozo con sus niños. Esto fortalece la unión entre usted y sus hijos. Además, al compartir emocionalmente con su niño, está usted presentando una actitud apropiada de sentimientos para que los niños aprendan.

La dirección positiva en el juego con otros niños de la misma edad

Mientras que el jugar sólo con un niño tiene mucho valor para fortalecer la unión entre usted y el niño, también existen beneficios cuando se juega con dos o tres niños. Si su niño tiene hermanos o amigos que han venido a jugar con él, puede usted aprovechar esta oportunidad para asesorar al niño en sus habilidades sociales. En este caso usted describirá sus conductas sociales como compartir, esperar, tomar turnos, ayudar a otra persona, decir gracias, pedir un juguete antes de tomarlo y dar alguna sugerencia amistosa. Este comportamiento fortalecerá las amistades de sus hijos. Por ejemplo, puede usted decir: "Eso es ser muy amigable; estás compartiendo tus cubos y esperando tu turno". O le puede decir: "Le hiciste caso a la sugerencia de tu amigo; eso es ser muy amigable". También puede provocar una conducta como el decir "gracias" o dando un cumplido o disculpándose. Por ejemplo, "Mira lo que ha hecho tu amigo. ¿Crees que lo puedes felicitar?" Y luego si su hijo lo felicita, usted puede elogiar al niño.

Estimule a su niño a resolver problemas en forma independiente

Algunas veces cuando los padres están intentando ser útiles, ellos le dificultan a sus niños el cómo aprender a resolver problemas y jugar en forma independiente. Supongamos que un niño se está frustrando porque está teniendo dificultad para tapar una caja. Su mamá le dice, "Mira, yo lo hago por ti". El niño se molesta porque no estaba pidiendo que su mamá tomara el control y lo hiciera por él. Lo mismo pasaría a un papá que hace un rompecabezas para su hija porque le es difícil ver que ella se frustre al intentar hacerlo. El dar demasiada ayuda o haciendo la actividad por el niño, disminuye el sentido de logro y autoestima del niño y promueve una dependencia innecesaria de los adultos. Dado que los niños están indecisos entre la independencia y la dependencia, con frecuencia mandan mensajes ambivalentes hacia sus padres, debido a que no están seguros de lo que quieren. Por un lado los niños piden ayuda y por otro lo resienten cuando se les da. Esto hace difícil para que los padres sepan cómo responder.

Durante el juego, usted puede alentar la habilidad de su niño de pensar, de cómo resolver problemas y de jugar independientemente. En vez de decirle que usted le va a hacer el rompecabezas para él, sugiérale hacerlo juntos. Provéales suficiente apoyo, aliento y valentía para que continúen trabajando con el rompecabezas, pero no tanto que el niño termine sintiendo que él no ha logrado nada. Usted también puede darles una "clave" o una guía que los ayude a realizar su propósito. Si al niño se le está haciendo difícil atornillar unos tornillos, le puede decir, "¿Qué te parece si yo detengo esta parte mientras tú los atornillas?" De esta manera el niño puede tener un sentimiento de logro todavía. La clave es ayudar sin controlar la situación, y promover la resolución del problema por sí mismo. Recuerde que los niños a veces piden ayuda aunque no es exactamente lo que quieren. Lo que quieren es su atención. En muchos de los casos lo único que necesita hacer es darles el mensaje que usted confía en su habilidad de poder encontrar una solución al problema por sí mismos.

Preste atención al juego

Cuando los niños están jugando tranquilamente, la mayoría de los papás toman esta oportunidad para ocuparse de sus propias cosas (por ej., hacer la comida, leer, o escribir una carta). Al hacer esto, pueden cometer el error de no les hacen saber a sus niños lo que aprecian que pueden jugar solos tranquilamente. El resultado es que los niños se sienten ignorados cuando están jugando apropiadamente por si solos sin molestar, sólo reciben atención cuando están haciendo ruido o deliberadamente hacen algo para atraer la atención. Si esto pasa, ellos aprenderán a portarse mal para obtener atención. Los niños lucharán para atraer la atención de los demás, especialmente la de sus padres, no importa si la atención es positiva (como cuando los alentamos) o negativa (cuando los criticamos o regañamos). Si sus niños no reciben atención positiva por un comportamiento adecuado, entonces harán algo para obtener una atención negativa mediante

El darle atención positiva al niño durante el juego le aumenta su auto-estima.

un mal comportamiento. Esto es el principio básico que explica el desarrollo de muchos de los problemas de conducta más comunes.

Usted debería valorar, adecuadamente, jugar y participar activamente en las actividades de juego con sus hijos. Si usted pone atención al juego, tendrán menos necesidad de diseñar formas inapropiadas para forzarlo a atenderlo. De hecho, muchos padres nos han dicho que cuando dan por lo menos una media hora regularmente para jugar con sus hijos diariamente, los padres encuentran que más tarde disponen de más tiempo para ellos. Si los niños tienen la seguridad de la atención regular de sus padres, no tienen la necesidad de inventar formas inadecuadas de atraer la atención.

Una nota de precaución

Esté preparado para aquellas ocasiones en que su niño juegue inapropiadamente o que se comporte de mala manera: chillando, gritando, tirando juguetes, o siendo destructivo de alguna otra forma. Si la conducta puede ser ignorada, retírese y empiece a jugar con algún juguete como si fuera muy interesante. Una vez que el niño se comporte adecuadamente, entonces usted puede regresar y nuevamente prestarle atención. Sin embargo, si la conducta es destructiva, el período de juego debería ser detenido con una simple explicación como: "Cuando avientas los dados tenemos que dejar de jugar".

A veces los papás son renuentes a jugar con sus niños porque temen que habrá un gran disgusto cuando quieran dejar de jugar. La solución es preparar al niño para el término de la sesión del juego. Cinco minutos antes que se termine el juego usted podría decir, "En pocos minutos será momento para mí de que deje de jugar contigo" Es importante ignorar cualquier protesta o argumento, y tratar lo mejor que se pueda de distraer al niño distrayéndolo en otra cosa. Ya que hayan pasado los cinco minutos únicamente diga, "Ahora es momento para mí de dejar de jugar. Disfruté este momento contigo". Usted se retira e ignora cualquier ruego. Una vez que sus niños aprenden a que no pueden manipularlo, para continuar jugando las protestas desaparecen. Y cuando ellos se dan cuenta de que hay un período regular para jugar cada día, tendrán menos necesidad de protestar, sabiendo que habrá otra oportunidad de jugar con usted mañana. Recuerde, adultos que juegan, ayudan a desarrollar niños que juegan.

En resumen

Es importante para usted, que valore el juego y aparte un tiempo para jugar con sus niños. Además, usted puede aprender a jugar de modo que desarrolle la autoestima tanto como su desarrollo social, emocional, y cognitivo. Siguiendo las sugerencias de este capítulo para jugar con efectividad, usted proveerá de un ambiente en el que el niño se sienta apoyado para probar su imaginación, explorar lo imposible o lo absurdo, tratar ideas nuevas, cometer errores, expresar sus sentimientos, hacer amigos, resolver problemas, y poco a poco ganar confianza en sus propios pensamientos e ideas. Una atmósfera de apoyo y aprobación, brinda a los niños las oportunidades para comunicar tanto sus esperanzas como sus frustraciones. Los niños viven en un mundo donde tienen poco poder y pocas maneras aceptables de poder expresar sus sentimientos. Un buen juego con usted, les puede dar la oportunidad de reducir sus sentimientos de ira, de miedo, o de incapacidad y de proveer experiencias que incrementen sentimientos de control, éxito, y placer. Un acercamiento flexible al jugar reduce la presión en su interacción con sus hijos y promueve el desarrollo de cada niño en un individuo único, creativo y pleno de auto confianza.

Recuerde:
• Siga la iniciativa del niño.
• El niño marca el ritmo.
• No anticipe demasiados resultados. Déle tiempo a su niño.
• No compita con él.

- Elógielo y fomente sus ideas y su creatividad. No lo critique.
- Juegue tomando diferentes roles y fingiendo ser otra persona con su niño (p. ej., usando títeres, o jugando a la casita).
- Sea un público que aprecia y atiende.
- Use comentarios descriptivos en vez de hacer preguntas.
- Válgase de la dirección académica a fin de promover que su hijo esté listo para la escuela (p. ej., colores, formas, números, actitudes, nombres de objetos).
- Sea el entrenador de habilidades sociales mediante preguntas, descripciones y elogios de las conductas amistosas del niño (p. ej., compartiendo, ayudando, turnándose, siendo cortés).
- Sea el entrenador emocional y déle ayuda positiva para regular las habilidades emocionales de su niño, (p. ej., estando calmado, esperándose, resolviendo un problema).
- Controle su deseo de ayudarlo demasiado. Promueva que su hijo resuelva sus propios problemas.
- Ríase, diviértase y comparta sus sentimientos de gozo.

CAPITULO DOS

Atención Positiva, Motivación y Elogios

Los padres con frecuencia restan importancia al uso de elogios y otras recompensas sociales como la atención positiva, una sonrisa o un abrazo a sus niños. Creen que los niños deberían comportarse apropiadamente sin la intervención del adulto y que los elogios deberían ser reservados para conductas excepcionalmente buenas o comportamiento sobresalientes. En muchos casos los padres no elogian a los niños cuando están jugando en silencio o cuando hacen sus quehaceres sin quejarse. Sin embargo, los estudios indican que la falta de elogios y de atención por comportamientos adecuados, puede conducir a un aumento en conducta errónea. De hecho, el elogiar y el alentar se pueden usar para guiar a los niños a través de todos los pequeños pasos que se requieren para dominar nuevas habilidades, para ayudarlos a que desarrollen una imagen positiva de sí mismos y para proveer la motivación que ellos necesitan para continuar con una tarea difícil. En lugar de recompensas tangibles como dinero o privilegios, puede haber una cantidad innumerable de maneras de proveer elogios y otras recompensas sociales. Toma muy poquito tiempo fomentar comportamientos positivos en los niños. Un comentario tan simple como: "¡Me gusta la manera en la que estás jugando en silencio, que bien sabes hacerlo!" o un abrazo en el momento indicado es todo lo que se necesita.

Mientras algunos padres creen que no deberían elogiar a sus niños, muchos más simplemente no saben cómo o cuándo elogiar o motivar a los niños. Posiblemente ellos recibieron pocos elogios cuando eran niños y las palabras les parecen artificiales y difíciles para decirlas o, posiblemente, no saben qué conductas elogiar. Sin embargo, los padres y otros adultos pueden aprender a elogiar y a adquirir habilidades que motiven a los niños, y una vez que las ponen en práctica, encuentran que el usar las recompensas sociales y el proveer atención positiva, por lo general, tienen un impacto dramático en el comportamiento de los niños.

En la primera parte de este capítulo, discutiremos algunas de las objeciones erróneas que nos han dado los padres en cuanto a elogiar a los niños y en la segunda parte discutiremos las maneras efectivas e inefectivas de cómo elogiar.

¿Los elogios echan a perder a los niños?

¿Existe el riesgo de que los niños se echen a perder dándoles elogios? ¿No será que va a aprender a cooperar sólo por obtener recompensas externas o aprobación del adulto?

La verdad es que los niños no se echan a perder por los elogios ni tampoco aprenden a trabajar nada más por recompensas externas. De hecho, lo opuesto es cierto: Los niños que trabajarán únicamente por recompensas externas, tienden a ser aquellos quienes recibieron pocos elogios o recompensas de los adultos. Como resultado, lo necesitan tanto, que aprenden a exigirlo antes de cumplir con las solicitudes de sus padres.

Los niños que reciben muchos elogios de sus padres desarrollan una mejor autoestima. Existe una mayor probabilidad de que aprendan a elogiar a los demás. Y esto puede tener efectos positivos en un futuro. El principio que opera aquí es el de que "uno obtiene lo que da". Las investigaciones indican que los niños que dicen comentarios positivos a sus compañeros en la escuela son más populares y reciben muchos comentarios positivos de los demás. Así que recuerde: los niños imitan lo que ven y lo que oyen. Si ellos reciben mensajes positivos frecuentemente de sus padres, es muy probable que asimilen esta forma de pensar y que la usen para fundamentar su propia auto-confianza y con la gente que los rodea. Por supuesto, que lo opuesto también es cierto. Si los padres son negativos y críticos, sus niños copiarán esta conducta y también el modo de pensar negativo de sí mismos.

¿Deberían saber los niños como comportarse?

"Mi niño debería saber cómo comportarse. ¿Supongo, que no necesito elogiarla por cosas que hace todos los días, como sus quehaceres de la casa o por compartir sus juguetes?"

No es realista esperar que el niño funcione sin elogios y sin recompensas; "la única manera que el niño aprende a comprometerse con un comportamiento específico es a través del refuerzo de esa conducta. Si el padre se da cuenta de la conducta y le presta atención, es más probable que esa conducta se repita. Si se ignora es menos probable que vuelva a ocurrir. Como consecuencia de esto, no hay que pasar desapercibida una conducta adecuada, o pronto desaparecerá.

¿Son los elogios controladores y falsos?

"¿Por otra parte, no es controlador el usar elogios con los niños para que se comporten de cierta manera?" "Si yo hago un esfuerzo consciente para elogiar al niño, termino por sentirme falso".

La palabra *"controlador"* implica que un padre está secretamente planeando que se realice un comportamiento deseado en contra de los deseos del niño. De hecho, el propósito de elogiar es mejorar o incrementar conductas positivas con el consentimiento del niño. Las recompensas y los elogios que son planeados con los niños tienden a producir la mejor conducta en ellos. Esto es igual como cuando los patrones en el trabajo, les ofrecen a sus empleados, una cantidad de dinero extra por hacer un excelente trabajo. Los elogios le parecerán falsos al empezar a usarlos, pero, como en cualquier conducta nueva, uno siempre se siente incómodo al principio. Esto es una reacción natural y de esperarse. Pero recuerde que, entre más use los elogios, más natural se sentirá.

¿Deben reservarse los elogios para comportamientos sobresalientes?

"Yo prefiero guardar mis elogios para cuando el niño haga algo que realmente lo merezca: cuando tenga una calificación de 10 o "A" en matemáticas, cuando haga su cama perfectamente o un dibujo muy bien hecho. ¿No le ayuda esto al niño a superarse?"

La dificultad con esta manera de pensar es que nadie logra la perfección sin antes completar muchos pasos a lo largo del camino. El enfoque de los padres debería concentrarse en el proceso de *tratar* de crear un dibujo, hacer una cama o en resolver un problema de matemáticas. De otra manera,

Dese cuenta cuando su niño se comporta bien.

la oportunidad de elogiar nunca se podría presentar: Niños de padres que guardan los elogios para "la perfección", por lo general, se dan por vencidos antes de lograr esa perfección.

Por lo tanto, en vez de estar acumulando todos los elogios, practique sorprender a su niño portándose bien. Fíjese cuando: él comparta, hable en voz baja, cumpla con una petición, vaya a la cama en el momento en que se le pide, cumpla con los quehaceres de la casa... No pase por desapercibidos estos comportamientos diarios, elógielos. Si usted se enfoca en el hecho de que el niño está tratando de hacer su cama o tratando de lavar los trastes, usted estará moldeando su conducta en la dirección deseada. En otras palabras, recuerde *elogiar el proceso de tratar* de adquirir no únicamente el logro.

¿Debe cambiar la conducta del niño antes de elogiarlo?

"Mi niño es muy desobediente y no le gusta ayudar. Yo no puedo empezar a elogiarlo hasta que cambie su manera de ser".

El peligro aquí es que usted puede involucrarse en un conflicto que puede no tener solución. Es muy poco probable que el niño vaya a ser capaz de empezar un cambio en su conducta. Pero alguien tiene que parar sus interacciones negativas y quién mejor que sus padres para hacerlo.

Samuel nos da un buen ejemplo de un método equivocado. Samuel está constantemente enojado porque su hijo Esteban nunca ordena su cuarto o nunca recoge sus juguetes, ni su ropa, hasta que Samuel está realmente enojado. Como resultado, Samuel nunca está de buen humor para fijarse que Esteban pone la mesa regularmente y con alegría. Si esto se le hiciera ver a Samuel, él probablemente diría: "¿y eso qué?" ya que está totalmente enfocado en que su hijo tiene que recoger sus cosas.

Los padres necesitan aprender a enfocarse en las cosas positivas que los niños están haciendo y en elogiarlos por sus esfuerzos. Los niños tenderán a repetir y a aumentar estas conductas positivas. En otras palabras, sólo si los adultos toman la responsabilidad de cambiar primero, existe la posibilidad de cambios positivos en las relaciones. Este mismo principio es verdadero en cualquier relación: entre esposos, con los niños mayores, o con compañeros de trabajo. Si uno se vuelve obstinado y se niega a hacer un cambio positivo en la conducta de uno mismo, la situación se mantiene igual y la relación es poco probable que se mejore.

¿Qué se hace con los niños que rechazan los elogios?

"Siempre que trato de elogiar a mi niño, me lo echa en cara. Parece que nunca me cree lo que le digo, es casi como si él no quisiera que lo elogiara".

Los niños agresivos y temperamentalmente difíciles puede no ser fácil el elogiarlos. Su conducta casi siempre hace que sus padres se enojen y atrofien

Se requiere un esfuerzo adicional cuando los niños rechazan los elogios.

su deseo de ser positivos. Y, para complicar la situación, ellos pueden rechazar los elogios cuando se les dan. Parece como si hubieran interiorizado un concepto negativo de sí mismos y cuando los padres les presentan una alternativa, una imagen positiva de sí mismos, lo encuentran difícil de aceptar y prefieren aferrarse a su imagen negativa de sí mismos. Mientras que a los niños que son difíciles, cuesta trabajo darles recompensas y elogiarlos, son ellos los que lo necesitan *aún más* que otros niños. Los padres tienen que estar buscando constantemente las conductas positivas que puedan reforzar, hasta que los niños empiecen a interiorizar algunos conceptos positivos de sí mismos. En ese momento ya no tendrán la necesidad de rechazar los elogios para mantener su imagen negativa.

¿Algunos padres encuentran más difícil que otros el elogiar a sus niños?

"No es que yo tenga alguna objeción real para elogiar a mi niño; simplemente no es algo que me nazca naturalmente y por lo tanto no lo hago".

Muchas veces los padres que no elogian a sus niños son personas que no se elogian a sí mismas. Ellos son muy frecuentemente muy críticos de sí mismos por sus errores, conflictos y dificultades. Pueden platicar a sus niños acerca de sus problemas, pero raramente mencionan sus éxitos en el trabajo o en la casa.

Es importante para los niños observar a los padres elogiándose a sí mismos. Si se escucharan a sí mismos, encontrarían que no se están diciendo

Acuérdese de auto elogiarse y ser un ejemplo en presencia de los niños.

cosas como: "¡Estás haciendo un buen trabajo en disciplinar a Juanito!" o "¡Manejaste ese conflicto con calma y razonablemente!", o "¡Has sido muy paciente en esta situación!" En vez de esto, están prestos a criticarse por cada falla que cometen. Deben aprender a hablarse en su interior con comentarios positivos y a crear experiencias favorables para sí, como incentivos y recompensas. Ellos tenderán más fácilmente a hacer lo mismo con sus hijos. (Vea el Capítulo: Controlando Pensamientos Molestos).

Es importante que los niños vean a sus padres practicando cómo decirse elogios ellos mismos. Una mamá podría decirse en voz alta: "¡Conseguí un buen resultado en lo que me pidieron en el trabajo!", o "¡Esa fue una situación difícil, pero creo que la manejamos muy bien!", o "¡Qué bien sabe la comida que hice esta noche!" Al acostumbrar este tipo de comentarios acerca de uno mismo en presencia de nuestros niños, se les está enseñando a cómo interiorizar esos comentarios positivos para sí. Esto es muy importante ya que ellos están aprendiendo a cómo auto evaluarse y a cómo adquirir sus propias estrategias para motivarse solos.

¿Existe alguna diferencia entre motivar y elogiar a un niño?

"Yo me preocupo por motivar a mi niño, ¿no es eso suficiente?"

Algunos padres creen que deberían *motivar* a sus niños pero no elogiarlos. Con frecuencia estos padres son los mismos que se preocupan por echar a perder a los niños por consentirlos demasiado, teniendo como resultado a niños que trabajan sólo para obtener recompensas externas. Hacen comentarios para apoyarlos, pero evitan hacer cualquier comentario que suene como un elogio. Esto causa que continuamente estén modificando lo que dicen ya que les preocupa que su aliento sea en realidad un elogio, creando así una complicación innecesaria ya que los niños probablemente no van a notar la diferencia.

Si existen algunos ejemplos de niños que hayan desarrollado problemas de conducta como resultado de haber recibido demasiados elogios, realmente son muy raros. De hecho, el problema, por lo general, es lo opuesto, que los niños están recibiendo un gran número de órdenes y críticas y muy pocos elogios. No se preocupe de cómo esté haciendo comentarios positivos, simplemente aliente y elogie tan frecuentemente como vea las conductas positivas.

Elogiando más efectivamente

Algunas veces ocurre que los padres, que elogian a sus niños, lo hacen de forma ineficiente. He aquí algunas formas de maximizar su efectividad al elogiar a los niños:

Sea específico

Elogios vagos se dan con frecuencia en forma rápida como en cadena, un comentario tras otro. Esto no está dirigido ni es específico. Por ejemplo, usted podrá decir: "Bien hecho… buen niño… maravilloso…bueno.".. Desafortunadamente, estas afirmaciones no describen la conducta que usted está tratando de elogiar.

Es mucho más efectivo dar elogios que sean específicos. Elogios específicos describen la conducta particular que usted desea. En lugar de decir: "¡Qué buena niña!", o ¡Buen trabajo!", usted diría: "¡Estás sentada tan quietecita!", o "¡Me agrada mucho que seas agradecido!", o "¡Te felicito por recoger los juguetes cuándo te lo pedí!" Esta descripción con "etiqueta" de las conductas positivas ayudará a su niño a entender cuáles son exactamente los comportamientos sociales importantes.

Elogie apropiadamente

Es primordial dar elogios que estén relacionados directamente con la conducta apropiada del niño. Un elogio *"por compartir"* se debería dar exactamente en el momento en que el niño esté "compartiendo" su juguete con su hermano menor. Sin embargo, si los niños se están portando mal es mejor ignorar cualquier aspecto positivo que sea parte de su conducta, en lugar de tratar de darle algún tipo de elogio. No sería apropiado elogiar a Sara por compartir sus colores con Daniel cuando los han estado usando para rayar en la pared. Dar elogios falsos, cuando un niño no se está portando bien es desorientarlo y confundirlo. Espere a que el niño haga algo más constructivo y entonces elógielo por esa conducta positiva.

Demuestre entusiasmo

Hay ocasiones en que el elogio es ineficaz porque o es aburrido, o se brinda en un tono monótono, o sin ninguna sonrisa, o sin una mirada directa. Las mismas palabras se pueden repetir una y otra vez con una voz monótona y sin mucho entusiasmo; ese tipo de elogio no es un refuerzo para los niños.

Demuestre entusiasmo.

El impacto de los elogios se puede aumentar al usar métodos no verbales para que uno transmita su entusiasmo. Sonríale al niño, salúdelo con una mirada cariñosa o déle una palmadita en la espalda. Los elogios deben ser dichos con energía, cuidado y sinceridad. Las palabras que se dicen a la ligera, de forma descuidada no serán aprovechadas por el niño.

Recuerde que los niños que tienen problemas para concentrarse, que son impulsivos y distraídos serán los que seguramente no se den cuenta de los elogios que se les están dando de forma indiferente o vaga. Estos niños, en particular, necesitan de elogios dados con tonos de voz muy entusiastas, con descripciones claras etiquetando las conductas positivas, expresiones muy definidas y positivas de la cara y tocándolos de manera afectuosa.

Una advertencia importante: Si el dar elogios es difícil para usted y no está acostumbrado a hacerlo, lo que diga sonará de alguna forma artificial o aburrida al principio. Esto es de esperarse. Un sentimiento positivo genuino surgirá conforme usted se acostumbre a elogiar cada vez más a su niño.

Algunas frases que le ayudarán a empezar…
- Me gusta cuando tú…
- ¡Estás guardando los bloques exactamente como Mami te lo pidió, tú sí que eres una gran ayuda!
- ¡Muy buena idea para…!
- Estás escuchando y haciéndole caso a papi tan bien.
- Has hecho un buen trajo de…
- Mami está muy orgullosa de ti por…

- ¡Mira que bien le hizo…!
- ¡Hermoso!, ¡Qué bien!, ¡Tremendo!, ¡Maravilloso!, ¡Extraordinario!
- ¡Esa es una manera perfecta de…!
- ¡Guau!, ¡Qué maravilloso trabajo has hecho al…!
- En verdad, me complace mucho cuándo tú…
- Eres tan buen amigo para…
- ¡Buen niño por…!
- ¡Gracias por…!
- ¡Qué buen trabajo el de…!
- ¡Oye, tú eres muy inteligente! Tú…
- Date unas palmaditas en el hombro por…
- Debes de sentirte orgulloso por…

Evite dar elogios combinados con críticas

Alguna gente da elogios y, sin darse cuenta, se contradicen siendo sarcásticos o lo combinan con un castigo. Esto es una de las cosas más destructivas que puede hacer un padre en el proceso de refuerzo. Particularmente, cuando los padres ven que sus niños hacen algo que nunca habían logrado antes, algunos padres se ven tentados a hacer comentarios sarcásticos o críticos acerca de su nuevo comportamiento. Por ejemplo, un papá podría decirle a sus niños

Evite combinar el elogio con humillaciones.

"Antonio y Ángela ¡los dos vinieron a la mesa en cuánto se los pedimos! Eso está bien. Pero, ¿Qué tal si la siguiente vez antes de venir se lavan la cara y las manos?", O una mamá podría decir "Leo, me agrada que estés haciendo tu cama, pero ¿por qué no lo puedes hacer todas las mañanas?"

Es importante ser positivo en cuanto a una nueva conducta. Si usted se siente desilusionado o descorazonado, como lo hicieron los padres antes mencionados, su hijo dejará de intentar. Cuando usted elogia a un niño, debe ser claro y preciso, sin recordatorios de fallas pasadas o de algún comportamiento que no haya sido perfecto.

Elogie inmediatamente

A veces los elogios son dados horas o días después de que la conducta positiva ocurrió. Por ejemplo, una mamá le puede mencionar a su hija cuánto apreció el que haya limpiado la cocina o sacado la basura pero lo hace una semana después de que sucedió. Desafortunadamente, los elogios pierden su valor reforzante conforme pasa el tiempo y tienden a sonar más artificiales.

Aunque los elogios retrasados son mejores que su ausencia, la manera más efectiva de elogiar es cuando son dados cinco segundos después de que la conducta positiva haya sucedido. Esto significa que si usted está tratando de alentar alguna nueva conducta en su niño, debe estar atento cada vez que su niño comparta u obedezca a una orden o se vista solo. No espere a que se vista perfectamente bien o a que haya guardado todos los juguetes antes de elogiarlo. Elogie a los niños en cuanto empiecen a realizar el comportamiento deseado. Los elogios deben ser frecuentes y consistentes al principio y, gradualmente, se pueden reemplazar por elogios que son dados ocasionalmente.

Concéntrese en los comportamientos específicos que usted desea motivar de acuerdo a las necesidades individuales de su niño

Puede ser muy efectivo concentrarse en las conductas particulares que usted quiere fortalecer en su niño. Por ejemplo, si su niña es tímida, introvertida o temerosa, usted puede habituarse a elogiarla cada vez que ella tome un riesgo, o se anime a hablar, o sea valiente, o intente algo nuevo. Por otro lado, si su niño es muy distraído e impulsivo, usted puede proponerse elogiarlo por ser capaz de escuchar sus órdenes, o por esperar su turno, o por dejar que alguien sea primero que él. Para el niño que es altamente desobediente la única conducta más importante a vigilar para elogiar, es el cumplimiento por parte del niño de sus órdenes. Lo mismo opera para el reforzamiento de habilidades académicas. Si su niño tiene dificultad para escribir y deletrear, usted puede elogiar los esfuerzos que hace su niño para así, animar su persistencia y su fuerza de voluntad.

Puede ser útil hacer una lista de los comportamientos que usted quiere ver con más frecuencia y, entonces, seleccionar un par de ellas y sistemáticamente observarlas y elogiarlas. Este plan puede ser compartido con otros en su familia.

El Comportamiento no tiene que ser perfecto para merecer reconocimiento

El comportamiento del niño no tiene que ser perfecto para merecer que el padre elogie o brinde atención positiva. De hecho, cuando los niños están tratando una conducta nueva por primera vez, necesitan ser reforzados por cada paso pequeño que ellos realizan hacia la meta. De otra manera, si tienen que esperar hasta que hayan perfeccionado el nuevo comportamiento antes de ser elogiados, se pueden dar por vencidos por completo. Elogiar al niño en cada paso en todo el trayecto lo alienta por sus esfuerzos y aprendizaje. Este proceso, conocido como "moldeando", prepara al niño para tener éxito.

Aliente a los niños a elogiarse a sí mismos y a los demás

A fin de cuentas, queremos que los niños aprendan a elogiar a los demás, ya que ésta es una habilidad que les ayudará a construir relaciones positivas con otros niños. También queremos que ellos aprendan a elogiarse a sí mismos, ya que ésto los ayudará a intentar y persistir con trabajos difíciles. Los padres pueden ayudar a sus niños a aprender a cómo reconocer sus propios sentimientos de logro por la forma en la que los padres los elogian. Por ejemplo, un comentario como el de: "Debes sentirte orgulloso de ti mismo por haber leído todo ese capítulo tu solo. ¡Date unas palmaditas en el hombro!" enfatiza el propio reconocimiento positivo del niño por su trabajo. Los padres también pueden incitar a sus niños a elogiar a otros niños y entonces elogiarlos por su comportamiento amigable. Por ejemplo: "Elisa, ¡mira el grandioso castillo que tu amiga ha construido! ¿La puedes felicitar?".

Duplicando el impacto

Sin importar cuál reforzador sea considerado (un abrazo, una sonrisa, o un elogio verbal), la tarea de enseñar al niño un comportamiento nuevo, es larga y difícil y, con frecuencia, muy lenta. Involucra tratar de reforzar la conducta positiva cada vez que ocurra. Si hay dos adultos en la familia, deberían discutir cuál comportamiento quieren mejorar y cómo van a tratar de reforzar ese comportamiento. Con los dos participando, las cosas deberían ir más rápido. Además, los adultos pueden duplicar el impacto de los elogios al elogiar a los niños frente a otros adultos y practicando elogiarse a sí mismos.

En resumen...

- Atrape a su niño actuando correctamente—no guarde sus elogios para conductas perfectas.
- No se preocupe por echar a perder a sus niños con elogios.
- Aumente los elogios con los niños difíciles.
- Elógiese a sí mismo.
- Dé elogios etiquetados y específicos.
- Dé elogios en el momento del comportamiento.
- Elogie con sonrisas, mirando a los ojos y con entusiasmo.
- Dé elogios positivos y atención a los comportamientos que usted quiere alentar.
- Elogie inmediatamente.
- Dé abrazos, palmaditas, y besos junto con elogios.
- Use los elogios consistentemente.
- Elogie frente a otra gente.
- Exprese su confianza en sus niños.

CAPITULO TRES

Recompensas Tangibles, Incentivos y Celebraciones

En el capítulo anterior discutimos la atención de los padres hacia los niños, los elogios y cómo motivar al niño. Las recompensas tangibles son otro tipo importante de refuerzo que se puede usar como incentivo para motivar a los niños a aprender una conducta particularmente difícil. Una recompensa tangible es algo concreto: un regalo especial, privilegios adicionales, estampitas, una celebración, o pasar el tiempo con alguien especial. Estas recompensas deben ser usadas con menos frecuencia que las recompensas sociales. Por lo general, se reservan para motivar a los niños a que puedan hacer una tarea que sea difícil, como haber logrado entrenarse para ir al baño, el jugar cooperativamente con sus hermanos, el hacer su tarea sin quejarse, o el poderse vestir independientemente. Cuando los premios tangibles se usan para motivar al niño a aprender algo nuevo, es importante que se sigan dando las recompensas sociales también. El impacto es mucho mayor cuándo se combinan los dos tipos de recompensas, ya que cada uno sirve para lograr un propósito diferente. Las recompensas sociales son usadas para reforzar los pasos y esfuerzos pequeños que realizan los niños para perfeccionar una habilidad nueva o comportamiento nuevo. Las recompensas tangibles se usan, por lo general, para reforzar el logro de una meta específica.

Existen dos maneras generales de usar las recompensas tangibles. La primera es, como una recompensa sorpresa o espontánea cuando usted nota que su niño se está comportando de la manera que usted quiere, como cuándo está compartiendo o está quieto en el carro. Por ejemplo, usted puede decir: "Juanito, te portaste tan bien al ayudarme en la tienda que te voy a dar algo especial". Esta manera de recompensar, sirve cuando su niño ya está exhibiendo las conductas que usted quiere, y desea aumentar la frecuencia con las que éstas ocurren. Esta manera es especialmente valiosa para niños de edad preescolar. La segunda manera, es cuando usted *planea de antemano* con su niño, qué conductas resultarán en una recompensa. Este tipo de programa, que es como un contrato, más bien se recomienda para aumentar una conducta que no se da muy seguido. Veamos un ejemplo en concreto:

A María le preocupaba que Ana de siete años y Carlos de cinco años, frecuentemente discutieran y peleaban cuando se trataba de los juguetes. Su meta era reducir sus peleas y que empezaran a cooperar mejor y a jugar tranquilamente entre ellos. Para lograr esto, planeó un programa de recompensas tangibles con ambos niños. Los motivó a través de recompensas por estar compartiendo y estar tranquilos. María empezó el programa diciendo: "Nosotros vamos a empezar a llevar una gráfica de estampitas para ayudarles a compartir entre sí. Ahora, ustedes están teniendo algunos problemas en compartir y cuándo ustedes juegan juntos discuten mucho y yo acabo por enojarme con ustedes cuando no juegan juntos tranquilamente. Esto no es nada agradable para ninguno de nosotros. De ahora en adelante, desde el momento en que ustedes llegan a casa, de la escuela, hasta la hora de cenar, yo me voy a estar fijando cómo están jugando juntos. Yo voy a poner la alarma de la cocina en 15 minutos y cada vez que suene, yo les daré una estampita si ustedes han sido amables el uno con el otro, y están compartiendo y ayudándose entre sí. Después de la cena, ustedes podrán canjear sus estampitas por un premio. Ahora, yo quisiera que ustedes me ayudaran a hacer una lista de las cosas que les gustaría ganarse".

La lista de premios fue discutida y, estando todos de acuerdo, quedó por escrita como si fuera un menú de recompensas. María les dijo: "¡Los dos crearon una buena lista! Pusieron que uno de sus amigos venga a pasar la noche con ustedes, leerles un cuento adicional antes de dormirse, ir al parque con su papá, poder escoger su cereal favorito cuando vayamos a la tienda, ir a ver una película y escoger algo de una bolsa sorpresa llena de varios objetos. Podremos agregar a esta lista lo que a ustedes se les ocurra y por lo que ustedes quisieran trabajar. Ahora vamos a ver cuántas estampitas tienen que juntar para cada una de estas cosas". Una vez establecido el valor, en estampitas, de cada cosa, entonces, crearon una gráfica que pusieron sobre la puerta del refrigerador.

Para niños mayores (6 a 8 años), es buena idea hacer esta lista o menú largo con algunas cosas pequeñas, baratas y también con cosas un poco más grandes. Por ejemplo, en la lista de Carlos y Ana, el cuento adicional que querían que les leyeran en la noche puede valer 5 estampitas, pero ir al cine, 30 estampitas. Esta lista puede modificarse conforme los niños tengan sugerencias nuevas para añadirle. Para cada niño el tiempo de espera para obtener sus recompensas es diferente y variado. A los niños de 5 a 6 años de edad, se les debe poder dar la oportunidad de poder cambiar sus estampitas o puntos por algún premio cada día, mientras que a los niños más grandes podrán esperar algunos días antes de cambiar sus estampitas o puntos por una recompensa. Sin embargo, los niños varían en su desarrollo de madurez y en su habilidad para esperar. Algunos niños de 5 años de edad podrán retrasar la gratificación por algunos días, mientras un niño de 8 años muy impulsivo necesitará un premio cada día. Niños de edad preescolar entre las edades de 3 y 4 años de edad, estarán muy confundidos por un sistema tan complejo de intercambiar estampitas por premios. A ésta edad, una estampita especial, un sellito en su mano o un premio pequeño (una historia extra o un regalito de la bolsa sorpresa), dados tan pronto como la conducta deseada ocurra, serán más que suficiente.

Ejemplos de Recompensas Tangibles

Objetos baratos:
• marcadores, pinturas, crayones y papel, lápices, libros para colorear;
• dinero (un centavo o cinco centavos, dependiendo de la edad del niño);
• tarjetas coleccionables de… (béisbol);
• "bolsa sorpresa" con objetos baratos (como un carrito, canicas, borradores, gomitas, globos);
• un juguete nuevo (con un límite específico en precio);
• escoger un cereal favorito en la tienda;
• escoger una fruta para comer;
• rentar una cinta de video para niños (asegúrese de que no sea violenta);
• una botana especial para después de la escuela;
• una golosina especial en la ponchera;
• partes nuevas para añadir a un juguete o colección;
• su bebida favorita;
• una sección para su juego de tren;
• una herramienta nueva para su caja de herramientas;
• ropa nueva para una muñeca, etc.

Privilegios especiales en la casa:
• escoger un postre para la familia;
• escoger un programa de TV o video;
• usar el teléfono;
• disfrazarse con la ropa de los padres;
• invitar a un amigo a dormir;
• poner la mesa;

* sentarse en la silla del papá o mamá a la hora de cenar;
* jugar en la computadora;
* invitar a un amigo a jugar;
* hacer plastilina.

Actividades especiales al aire libre:
* ir a un juego de béisbol;
* ir al cine;
* andar en bicicleta en el patio de la escuela;
* un paseo en el parque;
* ir a dormir a la casa de los abuelos;
* ir a un día de campo;
* subirse en el elevador de una tienda 3 ó 4 veces;
* ir a nadar;
* ir a desayunar solos con mamá o papá;
* ir a montar a caballo;
* ir al zoológico, al museo de ciencias o al acuario. Etc.

Tiempo especial con los padres:
* 10 minutos de juego extra con alguno de los padres;
* hacer galletas con alguno de los padres;
* una historia extra a la hora de dormir;
* planear las actividades del día;
* ir a algún lugar solos con mamá o papá;
* jugar un juego con alguno de los padres;
* escuchar el CD favorito con alguno de los padres;
* armar un rompecabezas con alguno de los padres;
* ir con alguno de los padres mientras el otro se corta el pelo.

Nota: Recuerde involucrar a sus niños para que ellos escojan sus propias recompensas. Tenga en cuenta el buscar cosas por las que ellos preguntan o piden muy seguido, ya que éstas seguramente serán muy reforzantes.

Con el ejemplo dado, es importante notar que María fue específica acerca de las conductas con las que los niños tenían problemas y con las conductas positivas con las que ella quería que las reemplazaran. Ella escogió 15 minutos como el período para estarlos observando porque ya había notado que los niños empezaban a pelearse cada 20 ó 30 minutos. Así que los 15 minutos ofrecían una oportunidad realista para que ellos tuvieran éxito y pudieran ganarse una estampita. Sin embargo, si ella observa después de un día, que los niños no son capaces de durar 15 minutos sin pelearse, entonces ella necesitaría acortar el tiempo a 10 minutos. Si, por otro lado, ella notara que ellos siempre obtuvieron una estampita en 15 minutos, entonces ella podría extender el tiempo a 20 minutos. La idea es empezar por dar pequeños pasos, alcanzables, y que no sean ni demasiado difíciles, ni demasiado fáciles. El otro aspecto importante de este ejemplo, es que María trató de establecer un programa que fuera divertido para los niños involucrándolos en la planeación de su menú de recompensas.

Es importante recordar que los programas de recompensas tangibles solamente trabajarán si usted:

- escoge incentivos que los van a motivar;
- crea un programa sencillo y divertido;
- supervisa las gráficas con cuidado;
- es persistente supervisando que las recompensas se den inmediatamente;
- cambia el programa conforme las conductas y las recompensas cambien;
- establece límites consistentes acerca de cuáles son las conductas que van a recibir recompensas.

Una vez que los niños hayan aprendido la conducta nueva, las recompensas tangibles se pueden ir disminuyendo y los elogios de los padres se pueden usar para reforzar esa conducta.

Aunque los programas de recompensas parezcan ser sencillos, hay, en realidad, muchos errores que uno tiene que evitar para que sean efectivos. Las páginas siguientes delinean algunos de los problemas más comunes a los que se enfrentan los padres cuando tratan de implementar estos programas y sugieren acercamientos efectivos para hacerlos trabajar.

Estableciendo objetivos
Sea específico acerca de cuáles son las conductas apropiadas

Los padres frecuentemente empiezan programas de recompensas tangibles en donde las conductas no son específicas sino vagas y los niños no saben qué es lo que tienen que hacer para obtener la recompensa. El papá de Memo, por ejemplo, dice: "Cuando tú seas un buen niño con tu hermano, entonces te daré una recompensa" o "Si te portas bien en la tienda te voy a dar algo". En esta instancia se refiere a "algo" que es vago, "ser bueno", no específica que conducta le ayudará a Memo a ganar una recompensa. Si usted no está claro acerca de las conductas que desea de los niños, sus niños probablemente no pondrán tener éxito. Inclusive, ellos inocentemente le van a exigir una recompensa porque ellos piensan que se portaron bien mientras que usted sintió que su comportamiento fue malo. Memo puede discutir con su papá: "Pero yo me porté bien y quiero que me des un premio". Efectivamente, él pensó que se portó bien porque compartió con su hermano una vez y trató de portarse bien. Desafortunadamente, el punto de vista de su papá de "bueno" es más estricto.

El primer paso en establecer un programa de recompensas, es tratar de pensar claramente cuáles son las conductas que a usted le molestan. ¿Con qué frecuencia ocurren y cuáles serán las conductas apropiadas que puedan sustituirlas? Si, como el papá de Memo, usted quiere que se porte mejor en la tienda, entonces usted le podrá decir: "Si te quedas quieto junto a mí mientras estemos en la tienda, sin correr y sin gritar, entonces te podrás ganar una estampita". Aquí las conductas positivas se le están describiendo claramente al niño. Siendo específico, le ayuda a usted también a saber si puede o no proseguir con la recompensa.

Realice pasos pequeños y vaya aumentándolos para alcanzar metas más grandes

Una razón por la que algunos programas de recompensas fallan es que los padres esperan demasiado de los niños y los niños sienten que el ganarse una recompensa es imposible y se dan por vencidos al tratar o ni siquiera hacen la lucha. Con el ejemplo de Memo en la tienda, él tenía 3 años y era muy activo y tenía el hábito de correr por los pasillos, no sería realista esperar que él estuviera junto con su papá por tanto tiempo. Entonces un programa que se tratara de ganar una estampita por quedarse al lado de su papá por 45 minutos mientras compraban, lo más seguro es que vaya a fallar.

Un buen programa de recompensas, incluye pasos pequeños, divididos para ayudar al niño a acercarse a la meta que se desea. Primero, observe por varios días que tan seguido ocurre el comportamiento erróneo. Ésta será, entonces, la base que le dará la llave para establecer los pasos correctos para su niño. Si usted nota que hay algunas veces que el niño puede andar por los pasillos de la tienda sin correr o gritar, ésta sería la primera conducta a reforzar. En este programa, le daría usted al niño una estampita cada vez que él pudiera caminar tranquilo por cada pasillo. (Le sería útil empezar con algunos viajes a la tienda sin la intención de comprar mucho). Esto mantendrá el tiempo en la tienda en un mínimo—de 5 a 10 minutos- pudiendo evitarse la tensión de tratar de hacer dos cosas a la vez: ir a comprar las cosas de la semana y también enseñarle al niño a cómo portarse mejor). De esta manera, su niño tendrá una muy buena oportunidad de tener éxito y de obtener algunas estampitas. Una vez que el niño pueda andar con usted por varios pasillos sin problema, usted

Mantenga sencillo el sistema de recompensas.

podrá hacer contingente la recompensa con caminar por lo menos dos pasillos con tranquilidad y gradualmente aumentar el tiempo en la tienda. Recuerde que el objetivo es el de planear su entrenamiento y progreso con pasos pequeños hacia la meta deseada.

Regule los pasos correctamente

El problema opuesto, ocurre cuando los padres establecen los pasos demasiado fáciles. En ésta situación, los niños ya no se sienten motivados a trabajar por las recompensas o no las valoran porque son muy fáciles de obtener. Esto rara vez es un problema al principio porque los padres tienden a tomar pasos demasiado difíciles o grandes. Sin embargo, puede llegar a convertirse en un problema conforme el programa avance. Por ejemplo, después de varias semanas, el niño de 3 años en la tienda, ganará consistentemente una estampita al final de cada pasillo. Las estampitas perderán su valor, a menos, que, el papá o la mamá, haga el programa un poco más difícil, pidiéndole al niño que ahora, después de terminar tres pasillos podrá tener una estampita.

Una buena regla, es hacer el programa fácil al principio para que el niño pueda obtener la recompensa al estar aprendiendo la conducta nueva. Al principio, necesitan repetir sus éxitos para poder apreciar las recompensas y la aprobación de los padres y también para aprender que ellos son capaces de comportarse como se desea. Después usted puede hacer el programa un poco más difícil. Gradualmente, las recompensas se van dando menos y menos hasta que ya no sean necesarias. Al final, simplemente la aprobación de los padres puede mantener la conducta deseada. Sin embargo, tenga cuidado, algunos padres, cuando sienten que están teniendo éxito empiezan a poner los pasos más difíciles o más grandes demasiado rápido, y los niños comienzan a sentirse frustrados al no poder tener éxito. Una supervisión constante, marcando el paso apropiado para los niños, es una de las claves para llegar a un programa de recompensas tangibles exitoso.

Escoja con cuidado el número de conductas

A veces los programas fallan porque se escogen demasiadas conductas negativas o difíciles de cambiar al mismo tiempo. Hemos visto padres sumamente motivados por empezar su programa de recompensas dando estampitas para que los niños no se peleen con sus hermanos, para que se vayan a la cama sin discutir, para que se vistan a tiempo en las mañanas, para que les hagan caso cuando se les pide. Tales programas son demasiado complejos y la presión de tener éxito en tantas áreas diferentes, hace que los niños se sientan demasiado presionados, dándose por vencidos antes de empezar. Otra desventaja de hacerlo de esta manera es que requiere de la supervisión constante de los padres durante todo el día. Simplemente, el estar al pendiente de la obediencia del niño a lo que le pida el padre durante todo el día, requiere de un esfuerzo tremendo ya que este tipo de situaciones se presentan con mucha frecuencia. Recuerde que si usted no puede estar realmente supervisando la conducta de su niño, imponiéndole las consecuencias que se merece, el mejor programa que usted pueda diseñar va a fallar.

Existen tres cosas principales a considerar cuando se está decidiendo la cantidad de conductas a las que le va a ayudar a su niño a aprender a la vez: La frecuencia con que ocurre la conducta, la etapa de desarrollo en que está su niño y, qué tanto es lo que usted realmente puede hacer. En cuanto se refiere a frecuencia, recuerde que conductas cómo el desobedecer, el quejarse, el burlarse o el discutir pueden ocurrir frecuentemente y, por lo tanto, requieren de mucha supervisión por parte de los padres. Esto quiere decir que, en realidad, usted no va a poder enfocar su atención en más de una de este tipo de conductas a la vez. Por otro lado, conductas como el vestirse, lavarse los dientes o ponerse el cinturón de seguridad en el carro ocurren con menos frecuencia, y tres o cuatro de éstas podrían ser incluidas en la gráfica al mismo tiempo.

El segundo punto importante a considerar es la etapa de desarrollo mental del niño. Los niños pequeños requerirán un programa más fácil de entender, que se enfoque en una o dos conductas sencillas a la vez. Aprender a hacerle caso a los padres o querer que se queden en la cama toda la noche, son tareas que implican un mayor desarrollo mental para los niños pequeños. Cada una requerirá de mucha práctica y repetición de parte del niño para que pueda aprenderlas, tanto como mucha paciencia por parte de los padres. Conforme crecen los niños, (de edad escolar y adolescentes), los programas de recompensas tangibles pueden ser más complejos porque ellos mismos pueden entender y acordarse mejor de las cosas. También, los problemas de conductas en esta etapa del niño, por lo general, ocurren con menos frecuencia y son más fáciles de supervisar. Para los niños de edad escolar sería realista establecer un programa que incluyera estampitas por lavarse los dientes, colgar su ropa, hacer su tarea, y ayudar a lavar los trastes.

Una evaluación de lo que realmente puede supervisar, es el tercer factor que le va a ayudar a decidir en qué conductas enfocarse. Aunque una madre de varios niños en edad preescolar no trabaje fuera de casa, le va a ser muy difícil tratar de supervisar la obediencia del niño a través del día. Por lo tanto, le será más fácil que escoja cierto momento del día, en que pueda enfocar su atención a los problemas de conducta. Por ejemplo, dos horas por la tarde, cuándo el bebé esté durmiendo su siesta o por la mañana cuándo el hermano mayor esté en la escuela son dos opciones muy buenas. Por otra parte, un padre que tuviera que apurarse en la mañana para irse a trabajar y que esté muy cansado por la noche, solamente tendrá energía para supervisar problemas de conducta durante una media hora cada mañana.

Enfóquese en las conductas positivas

Otro problema consiste en enfocarse exclusivamente en comportamientos negativos. Los padres pueden identificar claramente la conducta negativa que quieren eliminar, como el de estarse peleando. Su programa señala las recompensas que sus niños recibirán por no pelearse por una hora. Esto está bien pero le hace falta algo. Aunque el programa indica claramente lo que no deben hacer los niños, no describe ni recompensa la conducta apropiada que reemplazará aquella no deseada. Como consecuencia, la conducta inapropiada recibe más atención de los padres que la conducta apropiada.

Es importante identificar las conductas positivas que van a reemplazar las conductas negativas e incluirlas en el programa de recompensas tangibles. Los niños deben ser recompensados por compartir y jugar juntos calladamente tanto como por haber permanecido 15 minutos sin haber tenido alguna discusión con sus hermanos o hermanas. Es sumamente importante que las conductas positivas sean especificadas en el programa tan claramente como aquellas conductas que queremos eliminar.

Escogiendo recompensas

Una vez que haya escogido las conductas que quiere incrementar o que quiere eliminar y ha decidido cuáles serán los pasos necesarios para hacer esto, el siguiente paso es el de escoger recompensas tangibles con la ayuda de su niño.

Escoja recompensas baratas

Aunque no lo crea, hemos sido testigos de programas que han mandado a los padres a la bancarrota. Todos los niños querrán incluir cosas caras, como una bicicleta o un viaje a Disneylandia en su programa de recompensas. Algunos padres aceptan esto y los ponen en la lista, ya sea porque piensan que los niños nunca van a poder alcanzar el número de puntos necesarios para ganarse esas recompensas o, también porque se sienten culpables y quisieran darles algo así a sus niños. Al igual que, otros padres incluyen cosas caras porque tienen dificultades para establecer límites con sus hijos. Aunque las intenciones de los padres sean buenas, el incurrir en la compra de recompensas caras, puede ser destructivo para el programa. Con frecuencia, los niños sí alcanzan el número de puntos o estampitas necesarias para las recompensas y entonces los padres se ven muy mal al no tener el dinero para comprar la recompensa o al darle la recompensa con resentimiento. En este caso, los niños reciben un doble mensaje de los padres acerca del gusto que les pudo haber dado por haber logrado la meta. Esto es contraproducente para el programa y hace que los niños desconfíen en los esfuerzos futuros de sus padres de promover conductas positivas. Aún cuando las familias puedan comprar recompensas más caras, el uso exclusivo de ellas les enseña a los niños que deben esperar recompensas muy grandes por sus éxitos. El

Cuidado con las recompensas que pueden mandar a los padres a la bancarrota.

Por lo general, las mejores recompensas no cuestan.

énfasis es puesto en la magnitud de la recompensa en vez de la satisfacción y orgullo que siente el niño y el padre por el éxito del niño.

Generalmente, es buena idea poner un límite en lo que se vaya a comprar en la lista; como por ejemplo, un dólar o menos, dependiendo lo que su familia pueda gastar. Esto se les puede explicar a los niños desde un principio. Aunque ellos pidan cosas caras y estén probando las reglas que se formularon alrededor de esto, en general, las cosas más baratas son las más poderosas como reforzadores. A los niños más pequeños siempre les gusta más el poder tener cierto tiempo con sus padres; como el que les lean algún cuento extra antes de dormirse o que los lleven al parque o que jueguen pelota con ellos. Algunos artículos pequeños de comer, como pasas, dulces, el escoger su cereal favorito o el postre que más les gusta, también son muy atractivos para ellos. A los niños más grandes, les gusta obtener dinero y privilegios especiales, como el poder ver la televisión por más tiempo, que se quede a dormir un amigo, usar el teléfono, sembrar flores, etc.… Recuerde que es mucho más fácil graduar el sistema de recompensas que el de restringirlo.

Calcule recompensas diarias y semanales

A veces los padres no sólo hacen las recompensas demasiado grandes y costosas , sino que también, marcan un tiempo demasiado largo en el que el niño pueda ganarse la recompensa. Suponiendo que el papá de Tomás dijera: "Cuando obtengas 400 estampitas, podrás ganarte una bicicleta", o "con 100 puntos puedes ir a un juego de béisbol". Dependiendo del número de estampitas o de puntos que pueda ganarse Tomás cada día, le va a tomar un mes o más tiempo para obtener la recompensa. La mayoría de los niños pequeños, (3 ó 4 años de edad) se darán por vencidos, si no reciben una recompensa diariamente. Los niños más grandes, (6 a 8 años) deberían ganar algo cada semana.

Para establecer un valor realista en sus recompensas, primero determine cuántas estampitas o puntos necesitaría ganar el niño durante un día si cumpliera cien por ciento con el programa. Por ejemplo, si Tomás, (de 7 años) se ganara puntos por cepillarse los dientes, (dos puntos por dos veces al día); por ponerse el cinturón cuando viaja en el carro, (dos puntos al día), por jugar solo de las 5 a las 5:30 (un punto al día) y por irse a la cama cuando se le pide, (un punto) entonces el número total que podría ganar al día, serían seis puntos o estampitas. El menú de refuerzo de Tomás debería incluir por lo tanto, objetos pequeños que valgan cuatro estampitas para que cuando obtenga 2/3 partes de los puntos en conductas positivas en un solo día, él pueda escoger algo de la lista. También sería buena idea tener otros objetos que valgan de 4 a 25 puntos, para que él pudiera escoger esperarse dos o tres días para cambiar sus puntos por su postre favorito con un valor de 10 puntos. Esperar a que Tomás obtenga 100 puntos para el juego de béisbol, tomaría 16 días si se portara perfectamente todos los días. Si tuviera éxito 2/3 partes del tiempo, obtener 100 puntos le tomaría 25 días. La clave para establecer una lista de refuerzos efectivos no es solamente tener una lista creativa de dónde su niño pueda escoger objetos, sino también un precio realista para cada objeto, basada en los puntos que el niño pueda obtener a diario. Los padres que usan puntos o estampitas por la obediencia a las órdenes que dan, se darán cuenta que sus niños pueden ganar hasta 30 puntos por día. El precio de los objetos para los niños sería entonces más alto que el de un niño que sólo pueda ganar 6 al día.

Involucre a los niños en el programa

En ocasiones hay padres que escogen programas con recompensas tangibles que les satisfacen más a ellos que a los niños. Éstos incluyen cosas como salir a comer pizza o ir a un concierto, las cuáles son actividades que ellos quieren hacer. Otro problema relacionado es cuando los padres toman demasiado control sobre el programa. Hemos sido testigos de gráficas complejas de estampitas lujosas, escogidas por los padres y no por los niños. A menos que se les dé a los niños algo del control, el programa fallará muy probablemente. La meta de los programas de recompensas tangibles debe ser la de enseñarles a los niños a tomar más responsabilidad de su propio comportamiento. Cuando los niños sienten que los padres no están dispuestos a delegar un poco del control, ellos mismos se empiezan a entercar y, en estos casos, el enfoque pasa del placer a cooperar y portarse bien, a la satisfacción de ganar una lucha de poder, al aumentar su interés en atraer la atención negativa de los padres.

Averigüe qué es lo que va a reforzar en cada uno de sus hijos. Puede hacer esto pensando en muchos tipos de premios diferentes en caso de que ellos no sepan qué es lo que quieren en un principio. Sin embargo, trate de ayudar a los niños a pensar en sus propias sugerencias. Usted le podría decir a su niño que está un poco indeciso: "A ti te gusta que venga Julia a visitarte, ¿Qué tal si pones esto en tu lista?" Recuerde, que no es necesario terminar el menú de reforzamiento en una sola junta, sino que se le pueden ir agregando cosas a través del tiempo, conforme sus niños piensen en otras cosas por las cuáles quieran trabajar. Si se deciden a usar estampitas, permita que sus niños las escojan en la tienda, involúcrelos en hacer las gráficas y en decidir cuántas estampitas puede valer cada objeto. Involucre a sus niños en lo divertido que puede ser esto y en lo emocionante de cómo ganarse las recompensas.

Ante una conducta apropiada, luego entonces una recompensa

¿Cuál es la diferencia entre un soborno y una recompensa? Imagínese a un papá en un banco, diciéndole a su hija, quién está dando de gritos: "Elisa, te doy este chocolate si dejas de gritar". O un papá, que tiene un niño que se ha estado levantando de la cama en la noche y, le dice: "Simón, te doy esta barrita de granola si te regresas a la cama". En estos ejemplos, el chocolate y la barrita son sobornos, porque fueron dados antes de la conducta deseada y fueron iniciados por conductas inapropiadas. Los padres les están insinuando a los niños que si se portan mal, van a ser recompensados.

Las recompensas deberían de ser dadas por las conductas positivas después de que hayan ocurrido. Es útil acordarse de un principio que se llama "primero, entonces". Esto quiere decir que primero obtiene uno la conducta que se desea y entonces el niño obtiene la recompensa. En el ejemplo del banco, el papá de Elisa le pudo haber dicho, antes de ir al banco: "Elisa, si te quedas junto a mí en silencio en el banco, te llevaré al parque cuando terminemos". El papá primero obtiene la conducta deseada de la niña, y luego, le da la recompensa. En el ejemplo del niño que se levanta por la noche, el papá le pudo haber dicho: "Si te quedas en la cama durante toda la noche, entonces podrás escoger un juego para que yo juegue contigo en la mañana".

Primero obtenga la conducta apropiada, luego recompénsela.

Utilice recompensas tangibles para los logros diarios del niño

Algunos padres se esperan a dar recompensas tangibles a los niños cuando logran algo especial como: el obtener un "10" o una "A" en sus calificaciones, el limpiar toda la casa, o ir calladito en un viaje de 2 días en coche. Estos son ejemplos en que los padres han dividido el objetivo final en pasos demasiado grandes. Estos padres, no sólo se esperan demasiado tiempo para dar las recompensas, mayormente, guardan las recompensas para algo perfecto. Esto les da el mensaje a sus niños de que sus conductas diarias, como el hacer caso, el compartir, o el terminar sus quehaceres, realmente no cuentan.

Piense en dar recompensas pequeñas y con más frecuencia. Por ejemplo, unos padres que quisieran un viaje tranquilo en carro, pueden preparar una bolsa sorpresa con recompensas (con crayones, libros, rompecabezas y juegos) que abran cada 80 a 100 millas, si es que los niños han estado callados y no se han estado peleando. Ese tipo de recompensas puede satisfacer la necesidad de los niños de estimulación, que es necesaria durante un viaje largo en carro. Ciertamente, usted puede planear recompensas por logros especiales, pero también las puede usar con pasos pequeños que se vayan logrando en el camino, como el hacer su tarea de matemáticas, el guardar sus juguetes, el compartir, el dormir toda la noche o el ir al baño. Solamente dando recompensas a cada paso, se pueden lograr las metas más grandes, como la de obtener buenas calificaciones en la escuela, la de obedecer consistentemente, o la de poder establecer buenas relaciones con sus amigos.

Reemplace recompensas tangibles con aprobación social

Frecuentemente los padres se preocupan por estar usando demasiado las recompensas tangibles. Ellos temen que los niños van a aprender a comportarse correctamente solamente por obtener la recompensa, en vez de desarrollar controles internos. Esta preocupación es legítima y podría suceder posiblemente en dos situaciones. La primera es cuando el padre se vuelve "dependiente de las estampitas" dándolas por cada cosa que hace el niño, sin acordarse de dar aprobación social o elogios. Básicamente, este padre le está enseñando al niño a hacer las cosas por la recompensa, en vez de por el placer que el papá y el niño sienten por los logros. La segunda situación aparece cuándo el papá o la mamá no planean disminuir las recompensas tangibles y en mantener las conductas con aprobación social. En otras palabras, a los niños no se les da el mensaje de que el papá o la mamá esperan que, a la larga, el niño se pueda comportar por sí solo sin el uso de las recompensas.

El uso de las recompensas tangibles debe ser visto como una solución temporal para ayudar a los niños a aprender conductas nuevas y más difíciles. Deben de ser acompañadas con recompensas sociales. Una vez que se les ha enseñado las conductas nuevas, puede ir gradualmente eliminando las recompensas tangibles y mantenerlas con reforzadores sociales. Por ejemplo, la mamá de Sonia dice: "Ahora que ya sabes ir al baño sola la mayor parte del tiempo y has estado ganando muchas estampitas, vamos a hacer el juego más divertido. Ahora vas a necesitar permanecer seca por dos días antes de que te puedas ganar una estampita". Una vez que Sonia ha tenido éxito en forma regular por esos dos días, el período se puede extender a cuatro días, prosiguiendo de esta manera hasta que las estampitas ya no sean necesarias. Cuando llegue ese momento, su mamá podrá usar las estampitas para ayudarla con otra conducta. Le podría decir: "¿Te acuerdas lo bien que aprendiste a ir al baño con el juego de las estampitas que jugamos?, pues ahora vamos a ayudarte a que te vistas por las mañanas, usando las estampitas". De esta manera los programas de recompensas se pueden ir eliminando para una conducta y empezando para otras conductas diferentes.

Dependiente de estampitas.

Un aspecto muy importante del programa de recompensas es el mensaje que va acompañado con la recompensa. Los padres necesitan comunicarles a los niños claramente, que ellos no sólo aprueban sus éxitos, sino qué también reconocen que el esfuerzo que los niños hacen es responsable por su éxito, y no las recompensas en sí. De esta manera, los padres también ayudan al niño a interiorizar sus éxitos y a que tomen crédito por ellos. Por ejemplo, el papá de Marcos podría decir: "Me siento muy orgulloso de ti por haber aprendido a quedarte en tu recámara toda la noche. Tú has trabajado duro y debes sentirte bien acerca de ello. ¡Ciertamente estás madurando!" En este ejemplo, el papá de Marcos le da el crédito a su hijo que se merece por sus logros.

Tenga listas de recompensas que sean claras y específicas

Otra dificultad común en el programa de recompensas es el que las recompensas sean muy vagas. Víctor le dice a su hija: "Cuando hagas lo que te pido y ganes muchos puntos, entonces podrás comprar algo, ¿Qué te gustaría?" Tina responde, "el Gato Garfield". Luego, Víctor le contesta: "Bien, a lo mejor podemos comprar eso o alguna otra cosa, si ganas muchos puntos, ya veremos". En este ejemplo, el padre no es preciso acerca de la recompensa y acerca de cuántos puntos se requieren para ganársela. El resultado es de que Tina no estará motivada suficientemente para ganar puntos.

Los programas de recompensas que son efectivos son claros y precisos. Usted y sus hijos deben crear una gráfica que incluya las recompensas que han acordado y el valor de cada una. La lista debe ponerse en algún lado en dónde todos puedan verla. Vea la gráfica en la siguiente página:

La lista mencionada debe parecer como un contrato. Si tiene niños más grandes, puede hacer que lo firmen con usted para representar que todas las personas involucradas lo hayan entendido. También es buena idea hacerles saber que podrán revisar el acuerdo después de una semana para ver si se necesitan revisiones, cambios, o aspectos nuevos que añadir.

Tenga una lista variada

Algunos programas de recompensas dependen de una lista fija. Esto es, los padres y los niños preparan la lista durante una sola discusión y no la vuelven a revisar durante los siguientes tres meses. El problema con esto es que, al principio, los niños muy a menudo no saben exactamente qué es lo que quieren a cambio de su trabajo. Tienden a pensar en cosas más interesantes después.

Haga su lista de recompensas flexible y variada y aliente a sus niños a que tengan una variedad de cosas, como pasar tiempo con usted, privilegios especiales, juguetes baratos o actividades fuera de la casa. Claro, la

No burlarse - Jugando Juntos en forma Amigable

	L	M	M	J	F	S	D
4:30-4:45							
4:45-5:00							
5:00-5:15							
5:15-5:30							
Total							

Una estampita significa que no se están burlando y que están jugando juntos amigablemente por 15 minutos. Las estampitas se podrán canjear por:

3 estampitas= un cuento extra leído por Mamá o Papá
6 estampitas = ir al parque con Papá
3 estampitas = escoger un postre favorito
6 estampitas = llevar la bicicleta a la escuela
3 estampitas = escoger de la bolsa sorpresa
12 estampitas = invitar a un amigo a quedarse a dormir
12 estampitas = ir al cine con un amigo

_____

Nombre del Padre

_____

Nombre del Niño(a)

clave es descubrir qué es lo que les motiva más. Listas atractivas y variadas les dan a los niños opciones conforme su ánimo e intereses van cambiando día a día. Además, es importante evaluar las listas después de algunas semanas y permitirles que agreguen cosas nuevas a la lista porque esto va a ayudar a mantenerlos interesados en el programa después de que la novedad inicial se apague.

Asegúrese de que sus incentivos son apropiados a la edad del niño
Para niños de 3 a 5 años de edad su programa de incentivos debe de ser claro, simple y divertido. A los niños de esta edad les encanta coleccionar estampitas y aún quizás ganarse un premio pequeño de una bolsa sorpresa. No hay ninguna necesidad de complicar el sistema para los niños pequeños con listas de recompensas o con intercambio de cosas por premios más grandes. El sólo hecho de recibir una estampita acompañada de un aliento y el ver su libro de estampitas lleno es la única recompensa que necesitan.

Una vez que los niños hayan aprendido el concepto de números y entiendan la noción de los días de la semana y el tiempo (6 años en adelante), les gustará participar en programas en dónde ellos puedan coleccionar cosas o intercambiarlas. Esta es la edad en dónde las "colecciones" comienzan -¿se acuerdan de esas colecciones de tarjetas de fútbol o béisbol, rocas, monedas y estampillas? A esta edad, se les puede ofrecer a los niños coleccionar estampitas e intercambiarlas por premios más grandes.

Sea positivo

¿Qué pasa cuándo se esfuerza por establecer un programa de recompensas pero sus hijos no ganan puntos? Podrá tener la tentación de responder criticándolos o dándoles un cúmulo de razones por las que deben esforzarse más. Desafortunadamente, eso no solo estaría dando un mensaje desalentándolos por sus habilidades, lo cual podría volverse una auto-profecía, pero la atención negativa y las consecuencias que implica el sobreponerse podrían inadvertidamente reforzar sin querer, los problemas de conducta o el dejar de cumplir con el programa. En otras palabras, ellos estarían siendo recompensados por no cumplir el programa que por cumplirlo.

Si su niño no está ganando puntos o estampitas es mejor que les diga calmadamente: "No ganaste ningún punto esta vez pero, estoy seguro que obtendrás uno la próxima vez". Si va a predecir el futuro, es útil que provea una expectativa positiva. Sin embargo, si su niño continúa teniendo dificultades para ganar puntos, asegúrese que no haya establecido los pasos a seguir, demasiado inalcanzables.

Mantenga el programa de recompensas y la disciplina separados

Algunos padres crean programas de recompensas tangibles, y luego le mezclan castigos. Por ejemplo, si un niño está recibiendo estampitas por compartir y luego se las quitan por pelear. El niño entonces podría asociar las estampitas con lo negativo, en vez de asociarlo con lo positivo. Esta introducción puede ser más problemática si se le deja al niño con una sensación negativa. Si el niño sólo recibe estampitas con la única esperanza de salir de su deuda negativa, todos los incentivos positivos para portarse bien se pierden. Lo más probable es que el niño se desaliente y que abandone sus esfuerzos por cambiar. Mantenga el programa de recompensas separado de su programa de disciplina. No quite puntos o recompensas ya ganados al castigar, porque esto va en contra del propósito del programa. El cual, es dar atención por conductas apropiadas. Si quiere remover privilegios como una técnica de disciplina, como el ver la televisión, o el usar la bicicleta, no ponga sus privilegios en la lista de recompensas.

Mantenga el control de su programa

Hay varias maneras de perder el control del programa de recompensas. La primera es pagando por "casi" lograr algo; o sea, dándole recompensas a los niños cuando no han obtenido el número necesario de puntos. Esto sucede generalmente porque ellos empiezan a discutir, reclamando que han hecho todo lo necesario para obtenerlos. Desafortunadamente, esto rompe con las reglas de su contrato y le quita autoridad a usted. Esto también, puede dar como resultado que los niños empiecen a rogar y discutir más con usted acerca de cómo se obtienen los puntos. En vez de haber resuelto un problema de conducta, se crea uno nuevo. Una segunda dificultad aparece, si se dejan las estampitas o las recompensas por todos lados en la casa para que los niños tengan acceso a ellas. Un tercer problema, se puede desarrollar al carecer de un seguimiento. Esto pasa cuándo sus niños se han portado de acuerdo al programa pero usted falla en darse cuenta de sus conductas o se le olvida darles las estampitas. Si las estampitas se dan demasiado tarde o de manera inconsistente, su valor reforzante se reduce al mínimo…

Los programas de recompensas tangibles, requieren de mucho trabajo por parte de los padres para que sean efectivos. Los padres tienen que estar supervisando constantemente la conducta de los niños para determinar si se han ganado estampitas o puntos. Si los niños dicen que han compartido o han usado el baño, sólo denles puntos cuando usted ha observado que han hecho lo que dicen. Si usted y sus niños trabajan en problemas muy acentuados, como los de no obedecer sus órdenes, o el de no burlarse, o el no estar quejándose por 15 minutos, va a ser necesario que usted los esté vigilando muy de cerca. Las recompensas son más efectivas si se dan inmediatamente después de que ha ocurrido la conducta deseada. Para que estos programas trabajen bien es muy importante también que usted esté poniendo límites en forma consistente. Todos los niños van a probar los límites para ver si pueden obtener las recompensas con menos trabajo. Esto es natural, pero significa que usted va: a tener que estar preparado para esas pruebas, a estar comprometido con la lista, a ignorar las discusiones, los debates y los ruegos hasta que no hayan obtenido los puntos necesarios. Finalmente, usted necesita estar al mando del control de las recompensas. Usted debe esconder los premios y estampitas; y los puntos y estampitas a darse, deben ser determinados por usted y no por los niños.

Trabajando con los maestros

Si usted está trabajando con un problema de comportamiento que también está ocurriendo en el salón de clase, sería muy apropiado coordinar sus planes con la maestra de su niño(a). Por ejemplo, si el comportamiento de oposición y agresión de su niño están ocurriendo en la escuela, usted y la maestra pueden planear un sistema de incentivos que ocurra en ambos lugares. La maestra le podrá poner sellitos a su niño en la mano o estampitas cuando ella se dé cuenta de que su niño está compartiendo o siguiendo las instrucciones. Al final del día una tarjeta reportando esto se mandará a casa informándole a usted de la cantidad de estampitas que su niño ha ganado en ese día. Entonces usted podrá duplicar el impacto ofreciéndole a su niño estampitas extras para ponerlas en la gráfica de su casa por haberse ganado el número acordado de estampitas en la escuela. Y así, usted puede continuar con la gráfica de comportamiento de la casa en dónde su niño otra vez ganará estampitas por obedecer y compartir con otros. Cuando los niños reciben el mismo programa de manejo de comportamiento en todos los ambientes, las conductas mejoran mucho más rápido.

En resumen…

- Defina la conducta apropiada claramente.
- Haga los pasos hacia su meta pequeños.
- Aumente el grado de dificultad del niño, gradualmente.
- No haga programas demasiado complejos —escoja uno o dos comportamientos para empezar.
- Enfóquese en conductas positivas.
- Escoja recompensas baratas.
- Tenga recompensas para todos los días.
- Involucre al niño en escoger las recompensas.
- Obtenga primero la conducta apropiada y, después, dé la recompensa.
- Recompense los logros todos los días.
- Reemplace, gradualmente, a las recompensas por la aprobación social.
- Sea claro y específico con las recompensas.
- Tenga una lista variada.
- Demuestre al niño que espera su éxito.
- No revuelva recompensas con castigo.
- Supervise consistentemente el programa de recompensas.
- Coordine su programa con el maestro(a) de su niño.

CAPÍTULO CUATRO

Estableciendo Límites

Tan importante es el elogiar y recompensar a los niños cuando se están portando bien (y ¡es muy importante!), como también hay veces que es necesario que los padres tomen el control y establezcan límites cuando la conducta no es apropiada. Los niños tendrán la tendencia a portarse mal cuando, ciertamente, las familias no han establecido estándares o reglas claras. Estar poniendo límites consistentemente les ayuda a los niños a sentirse más calmados y seguros.

Sin embargo, es importante acordarse de que todos los niños van a tratar de probar las órdenes y las reglas de sus padres. Esto es cierto, particularmente, para aquellos padres que no han sido consistentes en el pasado o no han impuesto sus reglas. Esté preparado para estas pruebas, puesto que sólo rompiendo una regla es cuando los niños se darán cuenta de que, en realidad, esa regla está en vigor. Solamente consecuencias que se apliquen consistentemente por malas conductas, les enseñará a los niños que la buena conducta es lo que se espera. *Los estudios muestran que los niños normales no cumplen con las órdenes de sus padres una tercera parte de las veces.* Los niños pequeños discutirán, llorarán o harán berrinches cuando se les quita un juguete o cuando se les prohíbe alguna actividad que les gusta mucho. Los niños de edad escolar, también discutirán o protestarán cuando se les niega hacer alguna actividad o dar un objeto. Esas son conductas normales y expresiones saludables de la necesidad de los niños de ser independientes o autónomos. Cuando estas cosas suceden, no las tome como un ataque personal. Recuerde, que los niños simplemente lo están probando para ver si usted va a ser consistente. Trate de pensar que las protestas de sus hijos son como experiencias de aprendizaje, son maneras en las que ellos pueden explorar los límites de su ambiente y aprender cuáles son los comportamientos apropiados y los que no lo son.

En las siguientes páginas, usted encontrará algunos de los problemas a los que los padres se enfrentan frecuentemente cuándo imponen límites con sus niños así como también algunas maneras efectivas de dar órdenes.

Reduzca el número de órdenes

Muy pocos padres están conscientes de la cantidad exacta de órdenes que dan a sus hijos. ¿Se sorprendería usted si escuchara que los padres promedio dan 17 órdenes a sus hijos cada media hora; y que, en familias dónde los niños tienen más problemas de comportamiento, el número sube a un promedio de 40 órdenes cada media hora? Más aún, los estudios han demostrado que los padres que dan demasiadas órdenes, tienden a desarrollar mayores problemas de conductas en sus niños. Así que el dar órdenes con frecuencia no ayuda para mejorar la conducta del niño. Por lo tanto, es de suma importancia que evalúe el número y el tipo de órdenes que da a sus hijos y reducirlas a las que sean exclusivamente necesarias.

Algunos padres tienden a repetir una orden aún cuando los niños ya están haciendo lo que se les pidió. Por ejemplo, el papá de Josefina le dice: "¡Guarda los juguetes!", por segunda vez, cuándo Josefina ya había estado levantándolos. Si su papá hubiera estado prestando atención, se hubiera dado cuenta que la segunda orden fue innecesaria pero que el elogiar a Josefina era importante en ese momento. Otros padres dan órdenes acerca de algo que no es tan importante. Por ejemplo, pudieran decir; "¡Pinta la rana de color verde!", "¡Ponte la camisa azul!", o "¡Termina tu postre!" Estas órdenes son innecesarias. A los niños se les debe permitir decidir este tipo de cosas por sí mismos, en vez de que esto se convierta en un campo de batalla de voluntades con sus padres. Es importante recordar que si los padres están dando de 20 a 40 órdenes cada media hora, es imposible que puedan supervisar que los niños hagan lo que se les pide. El resultado es que de esta manera se les dan mensajes confusos a los niños acerca de la importancia de las órdenes.

Antes de dar una orden, piense si es algo importante o no y si usted está dispuesto a imponer las consecuencias si el niño no cumple la orden. Un ejercicio que ayuda, es el escribir en un papel las reglas más importantes para su familia. Probablemente encuentre que ustedes tienen de 5 a 10 que son "irrompibles". Una vez escritas, deberán ser

El niño en una tormenta de órdenes.

colocadas en el refrigerador o en algún otro lugar donde toda la familia las pueda ver. –De esta manera, todas las personas, incluyendo a los niñeros(as), sabrán cuáles son las reglas. Una lista como ésta podrá incluir:

- Los niños deben usar el cinturón en el coche todo el tiempo.
- No se permite pegar.
- No se permite aventar cosas dentro de la casa.
- La televisión tiene que estar apagada hasta las 7 en punto.
- La comida debe permanecer en la cocina.

Una vez que haya aclarado las reglas más importantes, usted se dará cuenta de que no solamente es usted más preciso ahora cuando da las órdenes sino que también es capaz de reducir aquellas que son innecesarias. El resultado será que los niños aprenderán que sus órdenes son importantes y que se espera que sean obedecidas.

Una orden a la vez

A veces los padres juntan varias órdenes a la vez, como en cadena, sin darle tiempo al niño a que empiece a cumplir con la primera que dieron cuando ya están dando más. Para los niños, esto puede resultar en una carga pesada de información. Por ejemplo, Eva le dice a su niño de 4 años: "¡Es hora de ir a la cama!", quiero que levantes los colores, guardes

Evite órdenes en cadena.

los papeles, vayas para arriba, te pongas las pijama y te laves los dientes". Una serie de órdenes como ésta es difícil de que los niños la recuerden. La mayoría puede retener solamente una o dos cosas a la vez. Otro problema relacionado con las órdenes rápidas, es que los padres no van a tener tiempo de elogiar al niño al cumplir con cada una de las órdenes. A la larga, esto va a resultar en que el niño no le haga caso, en parte debido a que el niño simplemente no puede cumplir con todo y, en parte, porque no existe ningún refuerzo por el cual él obedezca.

Otro tipo de órdenes en cadena es cuándo el padre dice, una y otra vez lo mismo, como si el niño no lo hubiera oído. Muchos padres repiten la misma orden cuatro o cinco veces, y sus niños aprenden muy rápido que no hay ninguna necesidad real de cumplirlas sino hasta la quinta vez que se les han dado. Mayormente, órdenes en cadena refuerzan, una conducta desobediente por la cantidad de atención requerida, debida a la constante repetición.

En vez de repetir órdenes, pensando que el niño no le va a hacer caso la primera vez, dé su orden una sola vez. Dígala muy despacio, espérese y vea si el niño la va a cumplir o no. Si le ayuda a esperar, cuente para sí mismo en silencio, esperando a ver cómo es que su hijo va a responder. Esto le ayudará para que usted no esté apresurándolo.

Dé órdenes que sean realistas

A veces los padres dan órdenes que no son realizables o que no son apropiadas para la edad de los niños. Por ejemplo, la mamá de Timoteo quien sólo tiene tres años, le pide que haga la cama y que comparta su juguete favorito con su hermana que tiene un año. Este tipo de órdenes tienden a fracasar por la edad de Timoteo. Otros ejemplos de órdenes que no son realizables o apropiadas incluyen el esperar que un niño de cuatro años mantenga el baño limpio; que un niño de tres años, se quede en silencio mientras sus padres están teniendo una discusión prolongada; o esperar que los niños de cualquier edad se coman todo lo que está en su plato en cada comida.

Dé órdenes que usted crea que su niño será capaz de cumplir con éxito. No lo lleve al fracaso y no haga que usted se frustre. Si usted tiene un niño que no presta mucha atención, que es hiperactivo e impulsivo, es de suma importancia dar órdenes que sean realizables. No puede esperar que este niño esté sentado por mucho tiempo a la hora de cenar, o que se quede quieto por mucho tiempo. Algo más factible para este niño sería esperar que estuviera quieto solamente 5 a 10 minutos cuando estuviera en la mesa.

De órdenes claras

Mientras que algunos padres tienen demasiadas órdenes y reglas, a otros les disgusta establecer reglas. Estos padres se sienten culpables cuando les

Acuérdese de usar órdenes positivas específicas.

piden a sus niños hacer algo que tal vez sea de su desagrado. Muy seguido, estos padres no son claros o directos acerca de las reglas y tratan de disfrazar sus órdenes para que no parezcan reglas y así apaciguar su culpabilidad. Algunos ejemplos de órdenes vagas o no específicas son: "¡Fíjate!", "¡ten cuidado!", "¡se bueno!", "¡deja de hacer eso!", "¡espera un minuto!" Estas órdenes confunden al niño porque no especifica la conducta que se espera de él.

Otro tipo de orden que no es clara es aquella que se dice como un comentario descriptivo. Por ejemplo: Delia le dice a su niña: "¡No niña!, estás tirando la leche, ¡cuidado!" o el papá de Daniel, ve por la ventana y le dice: "¡Daniel, tu bicicleta sigue todavía en el patio!" Estas órdenes aparte de carecer de claridad, también traen consigo una crítica implícita. No solamente es difícil hacer que el niño cumpla las órdenes cuando éstas en vez de ser órdenes directas: ("¡Toma el vaso con las dos manos!" "¡Guarda tu bicicleta!"), son dadas de una manera no muy clara, pero lo crítico de este comportamiento es, muy probable, que cree resentimientos.

Y otro tipo de orden que no es clara es la de "Vamos". Por ejemplo: "¡Vamos a guardar los trastes de juguete!", o "¡Vamos a alistarnos para ir a la cama!" Esto puede ser confuso para los niños pequeños, especialmente si los padres no tienen ninguna intención de estar involucrados en la actividad. Por ejemplo, una mamá que estuviera jugando con sus dos hijos en la cocina y que quiere que le ayuden a guardar los juguetes, les diría, "¡Vamos a guardar los juguetes!"; pero si ella no está dispuesta a ayudarles, ellos, muy probablemente, no harán lo que se les pide y la mamá muy probablemente se llegue a enojar con ellos por no cumplir con su orden tan "vaga".

Sea específico acerca de la conducta que usted quiere de su hijo cuando da la orden. Si su hija le pide jugar con usted, en vez de decirle: "¡Espérame tantito!", le podría decir, "¡Espérame 5 minutos y luego jugaré contigo!" No le diga a Rubén: "¡Ten cuidado!", si es que está tirando jugo; mejor dígale: "¡Usa las dos manos para servirte el jugo en el vaso!" En vez de decir: "¡Vamos a guardar los juguetes!", puede decir: "Es hora de guardar los juguetes".

De órdenes que incluyan qué hacer

Órdenes en forma de pregunta pueden ser bastante confusas para los niños. Existe una distinción sutil entre algo "que se le pide" y algo "que se le ordena". Algo que se le pide, implica la opción de escoger el hacerlo o no. Si usted espera que el niño le haga caso pero al darle la orden lo hace en forma de pregunta, está dando un mensaje confuso. Otro problema con órdenes que son preguntas es que, tal vez, a usted esto lo arrincone. Si por ejemplo, usted dice: "¿Te gustaría tomar un baño ahorita?", y su niño le dice que "no", usted ya no tiene ninguna opción. Usted ya hizo la pregunta, recibió la respuesta que no quería, y ahora necesita decidir cómo convencerlo para que se bañe.

Por lo tanto, dé sus órdenes incluyendo lo que tiene que hacer el niño, sin hacerlo en forma de pregunta. De órdenes que incluyan lo que el niño tiene que hacer, con el verbo al principio de la oración: "¡Pon los juguetes en su lugar!", "¡Vete a la cama!", "¡Camina despacio!", "¡Habla más despacio!" Aquí, en estos ejemplos, el verbo de la oración es la primera palabra en la orden y, por lo tanto, a su niño se le va a hacer más claro lo que tiene que hacer.

Dé sus órdenes con cortesía

Si los padres están enojados cuándo dan una orden, por lo general, ellos van a fomentar el que no la cumplan ya que incluirían una crítica o un comentario negativo. Por ejemplo, el papá de Memo dice: "Memo, ¡por qué no te sientas tranquilo por una sola vez en tu vida!", o él le podría decir a Memo que se sentara tranquilo en un tono de voz sarcástico. Muchas veces hacemos sentir mal a los niños cuándo damos una orden como una manera de ventilar frustraciones porque su hijo no ha hecho algo que usted le ha pedido hacer muchas veces antes. Sin embargo, es importante considerar que el sentimiento que se pone al dar una orden es tan importante cómo las palabras que se usan. El niño que siente su frustración puede escoger el no hacerle caso para así vengarse por su crítica.

Procure no criticar al niño al darle una orden. Órdenes negativas, por lo general, hacen que ellos se sientan incompetentes, a la defensiva y con menos ganas de obedecer. El que los niños se sientan bien de sí mismos como personas de valor, debe ser considerado por lo menos, tan importante como la obediencia. Las órdenes deben ser dadas de una manera positiva, con cortesía y con respeto.

Utilice órdenes de inicio

Una orden que le indique al niño parar o detener lo que está haciendo, es también una frase negativa porque implica decirle al niño lo que no debe hacer. Por ejemplo: "¡Deja de gritar!", "¡no hagas eso!", "¡párale!", "¡cállate!", "¡detente!", "¡basta!" Todas son órdenes que le dicen al niño que deje de hacer algo. Este tipo de órdenes implican una crítica al niño y se enfocan más bien en un mal comportamiento, en vez de estarle diciendo al niño cómo comportarse correctamente.

Los Psicólogos de los deportes, han encontrado que si un entrenador le dice al pitcher de un equipo de béisbol: "¡No lances una pelota rápida!" lo más seguro es que el pitcher lance una pelota rápida—no por terquedad sino simplemente porque eso es lo que las palabras del entrenador han hecho que él visualice. Es por esto que vale mucho la pena hacer el esfuerzo en dar órdenes positivas que le indiquen al niño con detalle el comportamiento que ustedes quieren de él. Por ejemplo, en vez de decirle: "¡deja de gritar!", o "¡deja de aventar agua!", le puede decir: "Por favor, habla en voz baja" o "por favor, mantén el agua dentro de la tina". Cuando su niño haga algo que a usted no le gusta, piense cuál sería el comportamiento alternativo que a usted le gustaría y entonces dé su orden enfocándose en la conducta positiva.

Déle tiempo al niño de poder cumplir con la orden

Existen ciertas órdenes que no les dan la oportunidad a los niños de cumplir con lo que se les ha pedido. Por ejemplo, el papá de Nina le dice: "¡Guarda tu ropa!" y, entonces, él la empieza a guardar antes de que ella empiece a hacerlo. O, la mamá de Raúl que le dice: "¡Bájate de ese columpio!", pero ella lo baja del columpio antes de esperar a ver si él le va a obedecer. Mientras que la obediencia inmediata es necesaria a veces, especialmente alrededor de situaciones de peligro, en la mayoría de las veces, los niños tienen el derecho a que se les brinde una oportunidad de tener éxito para cumplir órdenes. Después de dar una orden, haga una pausa. Si piensa que le puede ayudar cuente del 1 al 5 en silencio. Si el niño no le ha hecho caso después de esto, entonces puede empezar a considerar que el niño le está desobedeciendo. Sin embargo, cuando le da tiempo al niño para que obedezca, usted se dará cuenta de que, muy frecuentemente, él si lo va a hacer. El esperar después de dar una orden le obliga a usted a poner atención para ver si el niño está dispuesto a hacerlo o no. De esta manera, usted le puede dar una recompensa por haberle obedecido o penalizarlo si le ha desobedecido…

Dé advertencias y recordatorios

Algunos padres dan sus órdenes de manera muy abrupta, sin ninguna advertencia. Imagínese esto: Elena está totalmente absorta en construir su castillo. De repente, su papá entra a su cuarto y le dice: "¡es hora de irse a la cama!" ¿Qué es lo que sucedería? Probablemente, la niña va estar muy infeliz y va empezar a protestar y a resistir las órdenes que le dio su papá.

Cuándo sea posible, es útil dar un recordatorio o una advertencia al niño antes de darle una orden. Esta puede ser una manera muy efectiva para preparar a los niños para hacer una transición. Si el papá de Elena hubiera notado que su hija estaba totalmente concentrada en su juego, a lo mejor le hubiera podido decir: "en 2 minutos más, será tiempo de que guardes tus juguetes para ir a la cama". Entonces, Elena, probablemente, no hubiera protestado. Hay muchas maneras de dar advertencias a los niños. A los niños pequeños que no entienden el concepto del tiempo, se les puede poner un cronómetro que suene después de cierto número de minutos y entonces usted le puede decir al niño: "cuándo suene el cronómetro, será tiempo de guardar tus juguetes". Para niños más grandes, usted se puede referir al reloj.

Las preferencias o lo que piden los niños deben también considerarse. Por ejemplo, si su niño de 8 años está leyendo un libro, usted le puede preguntar: "¿cuántas páginas te faltan para que termines el capítulo?" Si el niño le dice, "una página más", usted le puede contestar: "está bien, termina la página y después de eso quiero que vengas a poner la mesa". Si usted responde a los deseos de sus niños y les da cierto tiempo para responder a sus órdenes, es más fácil y probable que ellos le vayan a obedecer, que si usted espera una respuesta inmediata.

Ordenes de tipo: "Cuando/Entonces"

En ocasiones los padres dan órdenes que parecen amenazas. Por ejemplo, un padre que le dice a su hijo: "si sigues viendo la tele, ¡ya verás lo que te va a pasar!" O cuándo se le dice: "¡te vas a arrepentir por haber hecho eso!" Aunque la intención es tratar de darle un aviso a los niños o alguna señal para que no se vayan a meter en problemas, este tipo de amenazas y las consecuencias que éstas implican, tienden a causar que los niños se vuelvan rebeldes y negativos, en vez de obedientes.

Use órdenes del tipo, "cuando / entonces", que le indiquen al niño de antemano, cuáles van a ser exactamente las consecuencias de sus acciones. Por ejemplo, le puede decir: "cuando pongas la mesa, entonces, puedes empezar a ver la televisión", o "cuando termines de lavar los trastes, entonces, podrás ir a jugar con tus amigos". Primero obtiene usted la conducta apropiada que quiere, y luego, esa conducta le trae al niño recompensas positivas. Este tipo de órdenes le da a su niño la opción de obedecer o no obedecer y, la información de cuáles van a ser las consecuencias de cada opción. Es importante que cuando se da una orden de "cuando / entonces", se ignoren las protestas o las discusiones de los niños y se mantenga firme con las consecuencias... Obviamente, este tipo de orden, debe usarse solamente si usted le puede dar la opción al niño de decidir si va a obedecer o no. Si usted necesita que el niño obedezca la orden, entonces, necesita dar una orden, directa y positiva.

Dé opciones

Muchas veces las órdenes de los padres le prohíben a los niños hacer algo que los niños quieren hacer, como el de jugar con sus amigos o el de ver más televisión. En tales casos, los padres les pueden decir a los niños lo que no pueden hacer, pero se les olvida decirles lo que sí pueden hacer. Cuándo los niños se sienten restringidos o limitados de actividades divertidas, tal vez, ellos pueden reaccionar con protestas y desobedecer.

Las órdenes que le prohíben a su niño hacer algo, deben incluir sugerencias sobre lo que sí pueden hacer. Después de decir, por ejemplo: "ahorita no puedes ver la tele, pero puedes armar este rompecabezas conmigo", o "no puedes jugar con las herramientas de tu papá, pero si puedes jugar a construir un fuerte en el sótano. De esta manera se pueden reducir los conflictos de poder, porque en vez de estarse peleando con el niño acerca de lo que no puede hacer, usted se estará enfocando en otra actividad que sí se pueda realizar.

Dé órdenes breves

Hay órdenes que son dadas con explicaciones, preguntas o un torrente de palabras. Por ejemplo, el papá de Pepe le dice a su hijo, "¡guarda esas crayolas!" y, sigue con preguntas acerca de el por qué las crayolas están afuera o sobre lo que está dibujando, etc. El resultado es que la orden original se olvida. Un problema relacionado con ésto es cuando los padres dan la orden junto con explicaciones. Piensan que, probablemente, dando una explicación larga, va a aumentar la probabilidad de cooperación por parte de sus hijos; pero, en realidad, haciéndolo de esta manera, tiene el efecto contrario. La mayoría de los niños darán razones acerca de lo que se les está pidiendo y tratan de distraer a los padres de la orden original.

Mantenga sus órdenes claras, cortas, directas y que vayan al grano. También ayuda, si mantiene contacto con los ojos del niño. Si le da alguna explicación con la orden, ésta debe ser breve y debe darla antes de la orden o después de que el niño le haya obedecido. Suponga que le pida a su hija que le arregle la sala; en cuanto empiece a hacerlo, usted puede decirle: "gracias, ¡estás haciendo un muy buen trabajo!, realmente, necesitaba yo que limpiáramos este cuarto, porque vamos a tener invitados a comer". *Recuerde ignorar los argumentos y protestas acerca de sus órdenes, ya que dándoles atención va a reforzar el comportamiento erróneo en el niño.*

Ordenes congruentes y acordadas entre los padres

Otro problema surge cuando los padres dan órdenes que se contradicen una de la otra... A veces se dan contraórdenes cuando uno de los padres no sabe que su pareja ya ha dado una orden. Como usted puede imaginarse, esto va a producir que el niño no pueda cumplir la orden y que aumenten los conflictos dentro de la familia.

Es importante que los adultos en la familia escuchen que tipo de órdenes dan y que apoyen las órdenes que dan uno o el otro. Asegúrese de que sus niños puedan cumplir con una orden dada por una persona antes de darles otra orden.

Refuerce su orden con elogios o consecuencias

A veces los padres no notan si los niños cumplieron o no con las órdenes que se les dieron. Si no hay seguimiento por parte de los padres y los niños no están siendo reforzados por su obediencia, ni tampoco se les exige que se responsabilicen si no cumplen, entonces los padres deben esperar que sus órdenes sean ignoradas.

Elogiar la obediencia motiva a los niños a cooperar más, y también a que valoren lo que se les pide. Si los niños no le obedecen, entonces, se les debe dar una advertencia. Esta debe ser usando la fórmula *"si / entonces".*: "Si no guardas las botas, Carlos, entonces, tendrás que irte a un *Tiempo Fuera*". Deben esperar unos 5 minutos para ver si el niño va a cumplir o no. Si el niño cumple, entonces, lo puede elogiar. Si no cumple, entonces, lo debe llevar a *Tiempo Fuera*.

En resumen…

Dar órdenes efectivas no requiere que usted sea una gran autoridad o que sea muy rígido ni tampoco puede esperar que el niño le vaya a obedecer todo el tiempo. En vez de esto, el énfasis es en pensar con cuidado antes de dar una orden para asegurarse que es necesaria y que pueda usted seguir el proceso empleando consecuencias si es necesario. Es importante tener un balance entre lo que el niño quiere y las reglas del adulto. A veces, se puede involucrar a los niños en la decisión respecto de una regla. Esto trabaja mucho mejor con niños de cuatro años en adelante. Considere, a dos niños de edad preescolar que se están peleando porque quieren jugar con las burbujas de jabón y solamente hay un soplador de burbujas. Su papá les puede decir, dándoles una orden: "Donaldo, tu úsalo y, luego, será tu turno, Susana". Una alternativa de cómo manejar esto, sería que el papá involucrara a los niños en decidir cómo resolver el problema. Por ejemplo, les puede decir: "ya que hay un solo soplador de burbujas y dos de ustedes, ¿Qué es lo que debemos hacer? ¿Tienen ustedes algunas ideas?" Si a Donaldo y a Susana se les ocurren soluciones, entonces el papá los puede reforzar por su habilidad para resolver problemas. De esta manera, él puede evitar ser autoritario y puede alentar a los niños a aprender el cómo encontrar una solución a un problema.

Dar órdenes efectivas es más difícil de lo que uno piensa al principio. En algunas situaciones, las órdenes de los padres tienen que ser dadas sin que el niño tenga ninguna opción. Por ejemplo: en situaciones en que el niño debe ponerse el cinturón en el coche, o el de no pegar, o no andar en la bicicleta en la calle, o en limitaciones al ver la televisión; los padres necesitarán tener el control de los niños y necesitarán dar sus órdenes en forma positiva, con cortesía y de manera firme. Hay otras situaciones en las que los padres no necesitan tener un control absoluto y podrán evitar el dar órdenes innecesarias y tener expectativas que no son factibles. ¿Por qué no permitir a los niños tener el control sobre ciertas decisiones, como dejar que escojan la ropa que se van a poner o dejar que ellos decidan si se comen toda la comida que tienen en el plato o no, y qué cuentos van a leer antes de dormir? Bajo ciertas

Déle seguimiento a las órdenes o el niño aprenderá a ignorarlo.

circunstancias, ustedes y sus niños pueden aprender a resolver problemas y a aprender a repartir el control. Aunque este es un proceso muy lento, y se vuelve más efectivo cuándo los niños son adolescentes, el introducir maneras de negociar y razonar con los niños puede empezar desde que los niños tienen cuatro o cinco años, dando así un excelente entrenamiento desde una edad temprana.

Recuerde:
- No dar órdenes innecesarias.
- Dar una orden a la vez.
- Ser realista en lo que se espera de su niño y use órdenes apropiadas según la edad del niño.
- Dar órdenes que claramente indiquen lo que desea.
- Dar órdenes que le digan al niño qué hacer.
- Dar órdenes de manera positiva y con cortesía.
- Darle amplia oportunidad al niño para poder obedecer.
- Dar advertencias y recordatorios.
- No amenazar al niño; use órdenes de "cuando / entonces".
- Darle opciones al niño cuando sea posible.
- Dar sus órdenes de una manera breve y directa.
- Apoyar las órdenes que da su esposo o esposa.
- Elogiar la obediencia o proveer "consecuencias" por la desobediencia.
- Mantener un balance entre los padres para el control del niño.
- Fomentar la resolución de problemas con sus niños.

CAPÍTULO CINCO

Ignorar

Conductas que no son apropiadas como, el lloriquear, el burlarse, estar molestando a los demás, estar alegando, diciendo malas palabras y haciendo berrinches, no son peligrosas para los niños ni para otra gente, y muchas veces pueden ser eliminadas si se les ignora sistemáticamente. Algunos padres pueden sentir que el ignorar no es disciplina. De hecho, es una de las técnicas más efectivas que se pueden usar con los niños. La razón de ignorar es sencilla. La conducta de los niños se mantiene según la atención que se les brinda. Aún, la atención negativa de los padres, como la de quejarse o gritarles o regañarlos, puede servir como una recompensa para los niños. Los padres que ignoran a sus hijos cuando se están portando mal, no les están dando ninguna recompensa por su mal comportamiento. Si el ignorar se mantiene con regularidad, los niños, a la larga, dejarán de hacer lo que están haciendo. Conforme ellos reciban aprobación y atención por las conductas apropiadas, aprenderán que les conviene más portarse apropiadamente que inapropiadamente.

Aunque, el ignorar es muy efectivo, es probablemente la técnica más difícil para los padres de llevar a cabo. El capítulo siguiente le ayudará a lidiar con los problemas principales con los que se encuentran los padres cuando tratan de ignorar el comportamiento de sus hijos.

Evite discutir y mantener contacto visual con su niño

A veces, los padres piensan que están ignorando la conducta errónea de los niños, cuando, de hecho, le están dando bastante atención. Puede ser que hayan dejado de hablarle al niño pero continúan viéndolo, haciendo alguna cara o alguna otra manera que le hace saber al niño que su conducta errónea les está afectando todavía. Otros padres los ignoran evitando el tener contacto visual con su niño; sin embargo, siguen haciendo comentarios críticos o enojados. En ambos casos, el niño que se está portando mal está teniendo éxito en recibir atención y, probablemente, también una respuesta emocional negativa muy poderosa como tal.

El ignorar efectivamente ocurre cuando usted puede neutralizar su reacción a lo que el niño está haciendo. La expresión de su cara debe ser neutral, no debe mantener ningún contacto visual, ni tener ninguna discusión. El ignorar también incluye, el alejarse físicamente del niño, especialmente si ha estado en un contacto más cerca con él. Así como la forma de atención positiva más poderosa incluye una sonrisa, el contacto visual, los elogios verbales y el tocar al niño físicamente; la forma más poderosa de ignorar, es una expresión neutral sin contacto visual, sin comunicación y un alejamiento físico del niño.

Ignore consistentemente—Esté preparado para ver que el mal comportamiento se pondrá peor al principio

A veces, padres con las mejores intenciones tratan de empezar a ignorar la conducta errónea, como los berrinches o las alegatas, sin estar preparados para la respuesta del niño. La mayoría de los niños reaccionan, inicialmente, aumentando sus conductas negativas para ver si sus padres dejan de ignorarlos. Por ejemplo, María de 5 años, quiere salir y discute con su mamá por varios minutos. Finalmente, la mamá le dice que no puede salir y empieza a ignorar las protestas de la niña. María aumenta sus exigencias para ver si se le da lo que desea. Esto sigue por diez o más minutos hasta que la mamá desesperada y cansada de la discusión le dice: "está bien, ¡salte!" Al darse por vencida la mamá, por el sólo beneficio de mantener más paz en la casa, la mamá ha creado un problema a largo plazo: María ha aprendido que

Esté preparado para cuando el niño pruebe los límites cuando usted lo ignore.

si ella discute con su mamá por algún tiempo, va a obtener lo que quiere. De esta manera, se le han reforzado sus conductas inapropiadas.

Recuerde que cuando empiece a ignorar las malas conductas al principio, por lo general, éstas empeorarán. Necesita estar preparada para esperarse durante algún período para que la conducta sea mejor. Si usted se da por vencido, los niños aprenderán que comportarse mal es la manera más efectiva de obtener lo que desean. El ejemplo de María y su mamá, podría compararse con la experiencia que pudiera haber tenido con una de las máquinas que venden refrescos. Si usted le pone su cambio para obtener un refresco y no recibe uno, ni tampoco le regresa su dinero; probablemente, le empecerá a apachurrar los botones para que le regrese su dinero y cuándo esto no funciona, entonces trata de apachurrar el botón de la bebida otra vez. Dependiendo de qué tanta sed o que tan enojado esté, probablemente insista en apachurrar los botones y hasta empiece a golpear la máquina. Finalmente, si su bebida no aparece, usted se da por vencido y se retira de la máquina porque el haber golpeado la máquina y apachurrado los botones no le ha servido de nada. Si por casualidad, uno de los refrescos sale, mientras usted le está pegando, entonces usted sabe que la siguiente vez que eche su dinero y no salga, si golpea con suficiente fuerza, a lo mejor, sí le vuelve a salir su refresco. Al igual, los niños pueden aprender a persistir en hacer lo que hacen si pueden obtener lo que desean. Esta es una de las razones por la cual el ignorar es tan difícil realizar por parte de los padres. Todos los niños van a probar a sus padres cuando los empiecen a ignorar, a través de aumentar sus malas conductas. Si usted decide usar esta técnica, necesita estar preparado para esperar cierto período para que el niño cambie sus conductas, manteniéndose firme con la resolución de ignorar.

Ignore y distraiga
Al escoger ignorar las malas conductas no significa que no haya nada positivo que pueda hacer para mejorar la situación. De hecho, si usted no provee alguna distracción o sugerencia para algo distinto o más apropiado que el niño pueda hacer, puede producir conflictos de poder entre los padres y los niños y causar que los niños continúen las malas conductas. Considere este ejemplo: Toño le pide a su papá que le compre un juguete cuando están comprando en la tienda; su papá se rehúsa y Toño empieza a gritar y a llorar. Su papá lo ignora y se aleja físicamente de él y, en un par de minutos, los lloriqueos desaparecen. En este momento, el papá de Toño podría distraerlo con alguna nueva actividad para que piense en otra cosa. Pero, en vez de esto, su papá únicamente espera a que venga con él y deje de llorar. Toño, al sentirse ignorado, empieza a gritar otra vez y a tratar de obtener la atención de su papá.

A veces, usted puede tratar de distraer al niño para reducir la reacción del niño de ser ignorado. Las distracciones son particularmente útiles en los niños de 2 ó 3 años pero también pueden servir para niños mayores. Una vez que Toño dejó de llorar, su papá le pudo haber dicho que cuando él juntara el dinero suficiente en sus ahorros, él mismo podría comprar el juguete que él quisiera.

Si su hija, por ejemplo, empieza a lloriquear cuando se le dice que no puede comer el cereal azucarado que quiere, ignórela, hasta que deje de lloriquear y luego pídale que le ayude a buscar algún otro tipo diferente de alimento. La idea es de ignorar el mal comportamiento, al decirle que no puede hacer algo, y luego, distraerla en cuanto ella se empiece a portar mejor. Por supuesto, si ella se empieza a comportar mal nuevamente, entonces usted necesita empezar a ignorarla otra vez.

Otra manera de combinar la distracción con el ignorar, es distraerse uno mismo de las conductas inapropiadas que están haciendo sus niños. Esto lo puede hacer hablando consigo mismo o con otra persona o involucrándose en alguna otra actividad. Si usted está ignorando a un niño que está haciendo un berrinche, tal vez quiera ir a la cocina a distraerse pelando papás o pueda hacer un comentario acerca de algo que esté viendo por la ventana de la cocina. Si el niño se da cuenta que usted está distraído con otra cosa, él o ella dejará de portarse mal muy rápidamente…

Aléjese de su niño pero manténgase en el mismo cuarto

Es lógico pensar que para ignorar las malas conductas del niño deba uno salirse del cuarto en el que esté. Esto puede ser una técnica efectiva si el niño se le prende y está exigiendo atención físicamente. Sin embargo, la dificultad que se crea al dejar el cuarto es que usted no va a poder poner atención o reforzar la conducta del niño cuando sea apropiada.

Al ignorar al niño, lo mejor es, alejarse de ahí y situarse en otra parte del cuarto. De esta manera usted podrá continuar supervisando al niño y empezar a reforzarlo inmediatamente, en cuanto deje de portarse mal. Si el niño lo sigue, tratando de tomarse de sus brazos o sus piernas, tal vez sea necesario, salirse del cuarto. Sin embargo, debe regresar lo más pronto posible para empezar a responder a las conductas apropiadas del niño tan pronto como éstas ocurran.

El ignorar enseña autocontrol

Algunos padres no acostumbran ignorar a sus niños porque sienten que es una falta de respeto y que puede dañar su autoestima. Ellos se preocupan y piensan que este comportamiento dañará la relación que tienen con sus hijos. Hay otros padres que no acostumbran ignorar porque sienten que no es suficiente castigo. Ellos mismos dicen: "¿Cómo puede uno ignorar cosas como gritos y groserías? Estas conductas necesitan disciplina".

Los estudios indican que el ignorar es una manera de disciplina efectiva, ya que mantiene una relación positiva entre el padre y el niño basada en respeto, en vez de miedo. Si usted puede ignorar los gritos y las malas palabras del niño sin estarle gritando o criticando, usted le demuestra al niño que usted puede mantener un autocontrol, cuando existe conflicto o enojo. Al no enojarse con este tipo de conductas, el niño notará que no hay ninguna recompensa y que no tiene ningún efecto cuando hace este tipo de conductas. Esto le provee la enseñanza de que no hay ningún valor en continuar comportándose de esa forma.

Enséñeles a otras personas a ignorar

En ocasiones, el ignorar es contraproducente porque, aunque el padre ignora el mal comportamiento del niño, otras personas le dan atención burlándose o tratando de consolar al niño. Si esto pasa, su intento de ignorar no va a servir porque el niño aun esta logrando obtener atención por el mal comportamiento. Si otras personas le están dando atención a las malas conductas de su niño, necesitan aprender la sabiduría del ignorar. Por ejemplo, usted podría decir: "Le podemos ayudar mejor a Ramón en este momento si lo ignoramos hasta que logre controlarse".

Limite el número de conductas que vaya a ignorar

Así como hay padres que tienen el problema de ignorar con poca frecuencia, existen otros padres que ignoran demasiado. Estos padres ignoran con efectividad el mal comportamiento inicial de los niños; pero, luego, continúan sin darles su atención, apoyo o aprobación por varias horas o, aún, días enteros. Un problema relacionado ocurre cuando los padres tienen que lidiar con demasiadas malas conductas a la vez - lloriqueos, gritos, discusiones, tiraderos de comida, por ejemplo. Al ignorar tantas cosas a la vez, los niños se pueden sentir abandonados y esto dejará que los padres se sientan con demasiadas presiones. No sólo encontrarán difícil ignorar con regularidad; sino que también, encontrarán difícil acordarse de dar atención a las conductas positivas.

Es importante identificar conductas específicas para ignorar. Escoja solamente, una o dos conductas para ignorar sistemáticamente a la vez. Al limitarse de esta manera, podrá ser más realista al esperar poder ignorar con regularidad la conducta errónea cada vez que ocurra. También podrá observar y supervisar los efectos que esta técnica de disciplina tiene sobre el comportamiento escogido.

Algunos comportamientos no deben ser ignorados

Algunos padres ignoran todos los malos comportamientos del niño, sin importarles lo severo que sean o las circunstancias en las que ocurren. Esta no es la mejor manera de tratar conductas que son destructivas para los niños mismos o para otras personas o propiedades. Tampoco es apropiado en situaciones como por ejemplo, un berrinche en el camión - donde los niños reciben atención de alguien más, también es inapropiado el no cumplir en realizar lo que les corresponde, o el robar, desobedecer, u olvidar el realizar las tareas de la casa.

Por lo general, las conductas que molestan como lloriqueos, gritos, berrinches, pueden ser tratadas efectivamente con sólo ignorarlas. Por otro lado, conductas que son abusivas o peligrosas como: el pegar, el abuso con palabras, el de abandonar su casa, el comenzar fuegos, o el dañar la propiedad; no pueden ser ignoradas. El atacar al hermano(a) o robar, lo cual provee a los niños con beneficios inmediatos, mientras molesta y daña a otros, tampoco deberían ser ignorados. En estos casos, una *consecuencia* más fuerte como: el "Tiempo Fuera", un quehacer de trabajo o la pérdida de un *privilegio* necesitan ser usados para cambiar el comportamiento. Por lo tanto, es importante, escoger las conductas que va a ignorar con cuidado y recordar que el ignorar un comportamiento inapropiado solamente será efectivo para aquellas conductas que son reforzadas principalmente por la atención de los padres.

Ejemplos de conductas que pueden ser ignoradas efectivamente en niños preescolares

- Lloriqueos, quejas,
- Pucheros,
- Berrinches,
- Gestos,
- Decir malas palabras,
- Contestar cuando se le dice algo,
- Pequeñas peleas entre los niños,
- Cuando lloran un poco en la noche,
- Cuando no les gusta comer algo,
- Protestas cuando se le prohíbe dar algo o hacer algo,
- Escarbarse la nariz o morderse las uñas,
- Chuparse el dedo,
- O cuando habla como bebé.

Déle atención a las conductas positivas

Algunos padres se encuentran tan involucrados en sus propias actividades que no les prestan atención a los niños cuando hablan bien o comparten sus juguetes, resuelven algún problema difícil o juegan en paz. Si estas conductas positivas son ignoradas, éstas desaparecerán. Los padres muchas veces, desarrollan una respuesta automática, reaccionando solamente cuando los niños se meten en problemas. Este círculo negativo de prestar atención cuando sólo se portan mal y de ignorarlos cuando se están portando bien, de hecho, incrementa la frecuencia del mal comportamiento.

Si usted usa la técnica de ignorar, es sumamente importante que preste atención y dé elogios a las conductas positivas; particularmente, a esas conductas que son las opuestas de las que está usted ignorando. Por ejemplo, si usted ha decidido ignorar los gritos y lloriqueos de su niño, entonces tiene que hacer un esfuerzo consciente de elogiar a sus niños cuando ellos hablen apropiadamente. Usted le puede decir: "Realmente me agrada que hables normalmente". Es importante enfocarse en la conducta positiva que usted quiera sustituir por la conducta problemática. Si a usted le preocupa que su hija esté tomando cosas de otra persona o esté pegando, necesita elogiarla cuando comparta o esté jugando apropiadamente.

Otra técnica efectiva es la de combinar el ignorar y el elogiar en un grupo de dos o tres niños. Cuándo un niño se está portando mal, dele su atención a aquel que está demostrando conductas apropiadas. Imagínese que está usted en la mesa y Pedro está aventando los chícharos en el piso, mientras que David está comiendo decentemente y se está acabando toda la comida de su plato. Su primera respuesta natural es la de enfocarse en el niño que se está portando mal: "¡Pedro, no hagas eso!" Sin embargo, de esta manera le estaría reforzando la conducta inapropiada a Pedro. Pero, si de lo contrario, usted ignora a Pedro y elogia lo que está haciendo David, Pedro probablemente empiece a portarse mejor porque él nota que la conducta apropiada gana más atención y el mal comportamiento no.

Devuelva su atención tan pronto como sea posible

De vez en cuando, los padres están tan cansados y enojados de las conductas inapropiadas de los niños que no pueden enfocarse en lo que están haciendo bien. Es importante recordar que, en cuanto su niño deje de portarse mal, usted debe rápidamente darle su atención (dentro de cinco segundos) y elogiarlo por algún buen comportamiento… Solamente, combinando el quitar su atención por la conducta errónea con dar su atención con regularidad a las conductas apropiadas, podrá usted revertir el ciclo de la atención negativa hacia la conducta negativa. Entonces de esta forma, en cuanto el niño deje su mal comportamiento, empiece a sonreírle, a hablarle y a buscar algo por lo que lo pueda elogiar.

Ignore con sutileza

Los padres a veces son demasiado dramáticos en la manera en que ignoran a sus niños. Si un niño empieza a hacer malas caras o a decir groserías, los padres hacen gestos exagerados al retirarse del cuarto y al no hacerle caso al mal comportamiento. Esto puede ser tan reforzante como el darle atención a su mal comportamiento porque esto le demuestra al niño que él ha sido capaz de producir una respuesta emocional tan fuerte en sus padres.

Aunque se recomienda que usted deje de mantener contacto físico o visual y verbal cuando está ignorando al niño, también es importante que neutralice sus reacciones emocionales y sea sutil. Si su niño se está quejando, simplemente retire su mirada y a lo mejor haga algún comentario para sí misma o a alguna otra persona acerca de algo que esté pasando en ese momento. Esto es efectivo porque le da al niño la pauta de que usted no ha sido afectado de ninguna manera por su conducta errónea.

Mantenga el mando

A Sandra ya se le hizo tarde para llegar a trabajar y su hijo de 4 años está perdiendo el tiempo y no se quiere poner sus zapatos. Ella está tan frustrada que finalmente le dice: "Jaime, ¡si no te apuras y terminas de vestirte, te voy a dejar!" El sigue perdiendo el tiempo, y ella se sale de la casa y se mete a su coche. Claro está que ella lo espera ahí, aunque ella se esconda o le dé la vuelta a la cuadra.

Los padres quiénes llevan el ignorar a un extremo y amenazan con dejar a los niños, creen que este miedo causado por abandonarlos hará que los niños se muevan y que entonces sean más obedientes. Aunque estas amenazas provoquen que Jaime salga de su casa, tiene algunas desventajas a largo plazo. Para que estas amenazas continúen siendo efectivas, necesitan ser respaldadas por una consecuencia amenazadora. Una vez que su niño se da cuenta de que usted está fingiendo irse solamente, él responderá con amenazas similares. "Bueno, está bien, ¡vete!, ¡déjame!, al cabo que a mí no me importa". Entonces, usted está en una posición impotente porque su niño se ha dado cuenta de que está fingiendo. Si usted no se va, entonces no existe ninguna consecuencia. Y el irse, realmente, no es una opción porque el niño no está seguro solo en la casa. También, se le puede dañar emocionalmente al niño con amenazas de abandono pues hacen que ellos se sientan inseguros y les crea problemas más adelante de poca autoestima. Además, se le está enseñando al niño una estrategia muy poderosa que puede usar en sus relaciones cuando se le presenta un conflicto. El también puede empezar a amenazar de irse de la casa para probar el poder de esta táctica para ver si puede obtener lo que él quiere.

Nunca amenace al niño de abandonarlo, por muy grande que sea la tentación. Piense en otras estrategias que sean efectivas para ayudar a que el niño le haga caso. A lo mejor, si puede ignorar esa conducta, que le molesta tanto, (que le hace sentir querer abandonarlos) puede hacer que ellos empiecen a portarse más apropiadamente. Si no puede usar el ignorar, a lo mejor, puede tratar alguna otra técnica de disciplina como el Tiempo Fuera, el darle quehaceres en la casa o la pérdida de privilegios. Aunque estas estrategias le van a robar más de su tiempo, a corto plazo, le enseñarán al niño que su relación es segura, independientemente del conflicto que se presente. Estas estrategias son preferibles porque son basadas en respeto, en vez de miedo de abandono.

En resumen...

Si usted decide usar el ignorar, usted debe estar determinado a ignorar a su niño a toda costa hasta que el mal comportamiento desaparezca. La firmeza es la esencia al Ignorar. Cuando su hija hace un berrinche, es muy tentador el darse por vencido y hacer algo. Sin embargo, cada vez que lo haga, la conducta errónea empeorará porque le está enseñando que de algo le sirve. La siguiente vez que haga un berrinche, será probablemente más fuerte y durará más tiempo. Por lo tanto, usted necesita seguir ignorando esa conducta hasta que cambie.

Recuerde que el ignorar, en realidad, no va a afectar cómo se comporta el niño a menos que tenga usted ya establecida una relación positiva entre ustedes dos. El primer paso en cualquier plan de cambiar una conducta, es aumentar su atención y elogiar las conductas positivas. Aunque el ignorar va a eliminar algunas conductas que molestan, no va a incrementar las positivas. Para que esto pase, es necesario combinar una aprobación social por conductas buenas, al mismo tiempo que se le enseña cuáles son las conductas apropiadas cuando su niño se está portando bien.

Recuerde también específicamente:

- Evitar el contacto visual o la discusión cuando se le esté ignorando.
- Retirarse físicamente del niño pero mantenerse dentro del cuarto si es posible.
- Ser sutil en su manera de ignorar.
- Estar preparado para que el niño lo pruebe.
- Ser firme.
- Devolver su atención al niño en cuanto deje de portarse mal.
- Combinar distracciones y encauzarlo con el ignorar.
- Escoger conductas específicas del niño que quiera ignorar y asegúrese de que sean las que pueda ignorar.
- Limitar el número de conductas a ignorar con regularidad.
- Darle atención a su niño por sus conductas positivas.

CAPÍTULO SEIS

Tiempo Fuera para Calmarse

Aunque el desarrollo social y emocional del niño se construye con demostraciones regulares de amor, apoyo, atención positiva, entendimiento y comunicación de los padres, también es necesario que ellos puedan fijar límites claros y consecuencias apropiadas por malos comportamientos. Muchos padres han tratado, algunas formas de castigo corporal, dar reprimendas, o desaprobar lo que están haciendo los niños. Sin embargo, los estudios demuestran que estos métodos de disciplina no son efectivos. De hecho, el criticar, alegar, gritar o tratar de razonar con los niños cuando se están portando mal, constituye una manera de dar atención por parte de los padres lo cual, en realidad, refuerza la conducta errónea y como resultado los niños aprenden también a gritar, criticar o alegar como respuesta hacia sus padres.

El pegarle a los niños, darles cachetadas o darles nalgadas, por el otro lado, es rápido y muy probablemente hagan que los niños dejen de hacer la conducta inapropiada a corto plazo. Sin embargo, el problema con las nalgadas es que tiene desventajas a largo plazo. La primera de ellas es que los padres están enseñando una respuesta agresiva a la conducta errónea y, por lo tanto, los niños aprenden a usar una respuesta agresiva cuando están frustrados. Peor todavía, es, que los padres pueden perder el control cuándo les están pegando a los niños. Esto asusta a los niños y puede asustar también a los padres cuyos sentimientos de pérdida de control pueden crear sentimientos de culpabilidad una vez que ellos se hayan calmado. Entonces ellos, quizás, podrán responder sobre-compensando con regalos a los niños (algunas veces causando que el niño se aguante las nalgadas para así poder obtener los premios) o evitando el usar disciplina en el futuro.

Ya hemos hablado acerca de la necesidad de tener consistencia para que nuestro comportamiento sea predecible para nuestros niños. Si el pegarles solamente ocurre cuando el padre está furioso, no cuando la conducta problema acababa de aparecer, esto hace muy difícil para el niño el aprender a cómo evitarla. La segunda dificultad en golpearlos tiende a hacer creer a los niños que ya han pagado por su culpa, dejándolos, de esta manera, sin ningún sentido de remordimiento o culpa por el mal comportamiento, sin haberles enseñado qué es lo que queremos de ellos. El resultado es que los niños se portan bien en la presencia de los padres pero, lo más probable es que ellos se comporten inapropiadamente en otros lugares o con otros adultos. También aprenden a esconderse o a mentir acerca de los problemas para evitar que se les pegue. De hecho, entre más duela la disciplina, ya sea que sean críticas o castigo físico, los niños se vuelven más tercos y malcriados y pueden llegar aún a disgustar a sus padres, haciendo más difícil que los padres consigan que el niño haga lo que ellos quieren.

La tarea de los padres es la de proveer un acercamiento ético para disciplinar que les enseñe a los niños cuáles son las conductas inapropiadas, al mismo tiempo que se les da una expectativa positiva de que podrán actuar mejor la siguiente vez y de que se les ama profundamente de cualquier manera. Métodos como el ignorar, usar consecuencias lógicas y naturales, la pérdida de privilegios y la resolución de problemas son actos de disciplina efectivos para muchos tipos de problemas y éstos serán presentados más adelante en otros capítulos. En este capítulo nosotros plantearemos otro método de disciplina llamado: El Tiempo Fuera, el cual se usa específicamente para problemas de alta gravedad, como la agresión y la conducta destructiva. También es muy útil para una desobediencia grave, para niños con hostilidad y desafío (el niño que se rehúsa a hacer lo que uno desea que haga más del 75% de las veces), ya que la obediencia es la herramienta fundamental del padre para socializar a un niño.

El término de Tiempo Fuera, es una abreviatura para "Tiempo Fuera de reforzamiento positivo" y es, en realidad, una forma alargada de ignorar en la cual los niños son alejados por un tiempo corto de todas las fuentes de refuerzo positivo, especialmente de la atención del adulto y le proporcionan al niño una oportunidad para que se tranquilice. Usado apropiadamente, el Tiempo Fuera ofrece varias ventajas sobre otras prácticas de disciplina que han sido aceptadas por mucho tiempo, como el dar una reprimenda, o el dar una nalgada. El Tiempo Fuera modela una forma no violenta de resolver el conflicto o de detenerlo, y también detener la frustración, provee un período para que los niños y los padres se calmen y mantiene una relación de confianza y respeto, en la cual los niños pueden sentir que pueden ser honestos con sus padres acerca de estos problemas o errores. El Tiempo Fuera también da pauta a que los niños puedan reflexionar en lo que hicieron y el considerar otras soluciones, y fomenta el desarrollo de un sentido interno de responsabilidad, o consciencia. Enseñarles también a cómo tomarse un breve Tiempo Fuera para calmarse o auto regularse es un acercamiento de cómo manejar su enojo el cual los niños pueden usar a través de sus vidas.

Pasos para establecer un Tiempo Fuera

Muchos padres han tratado alguna forma de Tiempo Fuera con sus niños y pudieron haber experimentado el que estos no parecieran dar un buen resultado. De hecho, hay un número considerado de investigaciones que muestran las maneras más efectivas de establecer un Tiempo Fuera exitoso. Dos puntos muy importantes deberían ser tomados en cuenta para hacer que el Tiempo Fuera trabaje. Primero, debe ser corto (generalmente 5 minutos es suficiente) y segundo, los padres deben controlar cuándo empieza y cuándo termina el proceso del Tiempo Fuera. A continuación están algunos pasos que necesitan ser considerados en la planeación de un Tiempo Fuera.

El lugar del Tiempo Fuera

Usted necesita considerar cuidadosamente el lugar dónde tendrá el Tiempo Fuera para sus niños. Preferiblemente, en una silla colocada en una esquina vacía o en un pasillo que se encuentre lejos de todas las actividades familiares y la televisión. Es muy importante el que este lugar no sea llamado "la silla de los malos", será preferible llamarlo el "Tiempo Fuera" o "el lugar para calmarse" o, "la silla en dónde uno piensa". Al principio, puede también ser necesario tener otro cuarto, el cuál puede ser usado como alternativa, en caso de que el niño no se quiera quedar en la silla. Preferiblemente este lugar deberá estar fuera de actividades, aburrido, y seguro donde el niño no se pueda lastimar o meter en más problemas, si es que está solo. Las habitaciones para visita son un buen lugar para esto, si es que existen en su casa. Los baños no son un buen lugar ya que existen peligros con el agua, medicinas y limpiadores. Si en su casa no hay mucho espacio, tal vez, el cuarto del niño necesita ser en dónde se tome su Tiempo Fuera. Esto funciona para algunos niños, y claro está, no para otros. El problema con la recámara, o el cuarto del niño es que, por lo general, tiene juegos o juguetes interesantes. Para el niño que es muy agresivo, se le necesitará retirar estos objetos por un tiempo hasta que el comportamiento del niño ha sido controlado. En general, si se necesita, este cuarto de reemplazo se usará solamente al principio cuando su niño lo esté probando para ver si usted va realmente a llevar al cabo el uso del Tiempo Fuera. De hecho, esto es lo acertado del proceso del Tiempo Fuera en sí mismo, cuando es aplicado a un problema en particular. Si usted, aún está usando el Tiempo Fuera regularmente después de seis semanas por el mismo problema, sería muy valioso estudiar nuevamente el problema para ver si su niño es capaz de evitar el Tiempo Fuera – por ejemplo: ¿ya le enseñó a su niño un comportamiento distinto...? O ¿es que el Tiempo Fuera está permitiendo que su niño evite algo desagradable?

Describa los comportamientos que representarán un reto, que resultarán en el Tiempo Fuera

Usted debería decidir cuáles comportamientos erróneos específicos tendrán como consecuencia un Tiempo Fuera. Aquellas conductas que no puedan ser ignoradas, como desobediencia extrema o comportamiento hostil, golpes y conductas destructivas, serían unas conductas buenas para empezar. Recuerden, que los niños más pequeños que no hablan aún, frecuentemente empujan levemente o tienen comportamientos agresivos y, algunas veces, muerden. Estos comportamientos agresivos leves pueden, generalmente, ser manejados distrayendo hacia otra actividad, esta es una ocasión que debe utilizarse por los padres para motivar a sus hijos a que usen sus palabras, o una orden directa para que deje lo que está haciendo. De igual forma, es típico en los niños desobedecer, una de cada tres órdenes que reciben de sus padres, y una advertencia por parte de los padres es generalmente suficiente para manejar este problema. El Tiempo Fuera debería ser reservado para agresiones serias e intencionales o desobediencia persistente. Tengan en mente a la pirámide de educación de padres en dónde usted está primeramente construyendo una relación con su niño a través del juego, del elogio, del apoyo y el de usar estrategias proactivas para prevenir problemas en lo posible antes de iniciar el Tiempo Fuera.

Cantidad de tiempo a usar en el Tiempo Fuera

Una regla general a seguir es la de tres minutos para niños de tres años, cuatro minutos para niños de cuatro años y cinco minutos para niños de 5 en adelante. Tiempos Fuera más largos de cinco minutos no son más efectivos. Sin embargo, el Tiempo Fuera no debe acabar, a menos que los niños hayan permanecido callados por 2 minutos; mostrándoles que ellos ya se han calmado. Esto quiere decir que cuando use el Tiempo Fuera por primera vez, tal vez durará más tiempo, (30 a 40 minutos) si sus niños siguen gritando. Una vez que ellos aprendan que los gritos no los van a sacar del Tiempo Fuera y que el permanecer quieto y callado ayudará a que se acabe, los Tiempos Fuera serán generalmente cortos (5 minutos a lo máximo). La idea principal, es que sea lo más breve posible y así, darle a sus niños la oportunidad de tratar otra vez y de ser exitosos al hacerlo.

Claves para iniciar el Tiempo Fuera
Un escenario para el niño que es Agresivo:
Daniel es un niño de 5 años y sumamente agresivo y sus padres le han explicado que si rompe la regla de la casa de golpear, irá a Tiempo Fuera en un rincón de la sala. No se le da ninguna advertencia antes del Tiempo Fuera en el caso de un comportamiento agresivo. En este caso si usted observó que Daniel le está pegando a su hermana no sería apropiado decirle: "Si golpeas a Sara otra vez, irás a Tiempo Fuera", ya que esto le daría a Daniel una segunda oportunidad de golpear a su hermana. El golpear debe imponer un Tiempo Fuera automático, porque "no golpear" es una de las reglas de la casa no negociables. Por ejemplo:

EL PADRE DE FAMILIA: Daniel, no puedes golpear a tu hermana Necesitas ir a Tiempo Fuera en este momento para calmarte

Escenario Para un Niño (de 4 años en adelante) Quien es Crónicamente Desobediente:
Usted le ha pedido claramente y en forma cortes a su niño que haga algo y él se rehúsa rotundamente e ignora su orden. Usted ha esperado 5 segundos para ver si él le obedecerá a pesar de su actitud, pero es muy claro que él no va a obedecer. Entonces, usted le da una advertencia clara y cortés: "Si no guardas los juguetes ahora, irás a Tiempo Fuera". Usted espera 5 segundos otra vez y ve que él aún se rehúsa. Lo siguiente es que usted le dice en una voz firme, respetuosa y calmada que se vaya a Tiempo Fuera.

A continuación hay un ejemplo de cómo iniciar Tiempo Fuera por desobediencia con un niño de 7 años quién estaba desobedeciendo a sus padres 95% de las veces en que sus padres le pedían algo:

LOS PADRES DICEN:	Sergio, por favor, cuelga tu abrigo (se esperan 5 segundos).
EL NIÑO LES CONTESTA:	No, estoy viendo la televisión.
LOS PADRES LE DICEN:	Si no cuelgas tu abrigo, te vas a tener que ir a Tiempo Fuera.
EL NIÑO LES CONTESTA:	Lo hago después.
LOS PADRES LE RESPONDEN:	(Se esperan 5 segundos) Sergio, te pedimos que colgaras tu abrigo y nos desobedeciste. Vete a Tiempo Fuera, en este momento.

Ponga su alarma

Una vez que su niño está en Tiempo Fuera, usted deberá poner su alarma por tres a cinco minutos e ignórelo mientras él está en Tiempo Fuera. El uso de relojes de arena u otras alarmas para llevar la cuenta del tiempo en Tiempo Fuera es importante. La mayoría de los niños pequeños no entienden el concepto del tiempo, y a veces ellos pueden tener pánico cuándo se les ha pedido sentarse por determinado tiempo. El enfocarse en el reloj alarma puede ser calmante para los niños y les provee de un símbolo visual de cuánto tiempo les falta para quedarse sentados en la silla. Usted, tal vez, querrá colocar el reloj arena u otra alarma en donde su niño la pueda ver, pero que no lo pueda tocar. Usted podrá hacer una medida de tiempo para su niño cómo: el de llenar una botella de plástico con agua coloreada y con lentejuelas brillantes adentro. Usted agita la botella y los niños sabrán que ellos deben sentarse en le Silla para Calmarse o la Silla del Tiempo Fuera, hasta que los objetos brillantes se hayan bajado al fondo de la botella. Es muy importante no hablar con su niño mientras él o ella están en Tiempo Fuera.

El Fin del Tiempo Fuera: Calmado por 2 minutos

Cuando el cronómetro o alarma suene, si su niño está calmado y quieto, usted puede decir: "Daniel, tu Tiempo Fuera ha terminado, y ahora ya puedes venir para acá" Si su niño está llorando o gritando todavía, usted deberá esperar hasta que él o ella haya estado calmado por lo menos 2 minutos. Recuerde que a algunos niños les toma más tiempo que a otros calmarse y que las diferencias individuales deberán ser respetadas.

Seguimiento: Repita la orden inicial por desobediencia

Si usted usó el Tiempo Fuera porque su hijo no hizo algo que le pidió que hiciera, entonces una vez que se haya acabado el Tiempo Fuera, usted necesita repetir la orden inicial. Por ejemplo, le puede decir:

LOS PADRES: "Sergio, por favor, cuelga tu abrigo ".
EL NIÑO: "Está bien".
LOS PADRES: "Nos da mucho gusto que hayas colgado tu abrigo".

Si Sergio se rehúsa a colgar su abrigo, entonces, toda la secuencia necesitará ser repetida de nuevo. Si el Tiempo Fuera se usó por golpes o por alguna conducta destructiva del niño, entonces cuando termine el Tiempo Fuera, usted deberá esperar por la primera respuesta positiva de su niño para reforzarla. Por ejemplo:

LOS PADRES: "Sergio, nos da gusto que estés compartiendo con
tu hermana".

Respondiendo a niños que se rehúsan a Tiempo Fuera

Si su niño tiene 6 años de edad o menos de seis y se rehúsa a ir a Tiempo Fuera, déle a su niño una advertencia: *"Vete a Tiempo Fuera como una niña obediente o si no, yo tendré que ayudarte a hacerlo"*. Esta opción es, generalmente, suficiente para motivar a la mayoría de los niños a irse por ellos mismos. Sin embargo, si su niño se rehúsa aún a irse por sí solo, entonces de manera calmada y gentil lleve a su pequeño por el brazo y caminen hacia el lugar del Tiempo Fuera.

Si su niño está suficientemente grande para tener un sentido del tiempo (alrededor de los 7 años de edad) y se rehúsa a ir a Tiempo Fuera como un primer paso, añádele un minuto extra por discutir y no irse al Tiempo Fuera. Usted puede continuar añadiendo tiempo hasta que llegue a los 10 minutos. En ese momento se les da una advertencia de irse a Tiempo Fuera o si no lo hace perderá algún privilegio, por ejemplo: no ver la televisión esa tarde o se les va a guardar su bicicleta por un día.

LOS PADRES: Sergio, cuelga tu abrigo, por favor
EL NIÑO: No, estoy viendo televisión.
LOS PADRES: Si no cuelgas tu abrigo, irás a Tiempo Fuera.
EL NIÑO: No me importa, ¡Ustedes no me pueden hacer que haga eso!
LOS PADRES: Un minuto más de Tiempo Fuera
EL NIÑO: ¡Me vale! Al cabo que me gusta estar ahí
LOS PADRES: Ahora son siete minutos.
EL NIÑO: Así que ustedes ya pueden contar, ¿eh? (…Añádale tiempo hasta 10 minutos).
LOS PADRES: Ahora serán 10 minutos, ¡si no te vas a Tiempo Fuera ahora, no podrás usar la computadora esta noche.
EL NIÑO: Pero, ¡eso no es justo!
LOS PADRES: No hay computadora está noche.

Una vez que usted haya llevado a cabo el quitarle el privilegio de no usar la computadora, su niño aprenderá muy rápidamente que es mejor irse a Tiempo Fuera la primera vez que se lo dicen. La ventaja al hacerlo de ésta manera es que ayuda a no meterse en problemas de control o poder y de que a su niño se le ha dado la opción: o escoge irse a Tiempo Fuera (por 10 minutos) o perderá el privilegio de usar la computadora. Tome Nota: - si usted les quitó un privilegio, es muy importante que usted se los quite por tiempo breve el mismo día y se los regrese el mismo día o al siguiente día. Castigos por más tiempo no son más efectivos. Consecuencias más cortas permiten a los niños tener inicios nuevos y oportunidades de nuevos aprendizajes y de ser exitosos. Para terminar, sería ideal si su niño ha experimentado las consecuencias de rehusarse a ir a Tiempo Fuera antes de que usted inicie otro Tiempo Fuera. Por ejemplo: Si el problema de Daniel es el de pegarle a su hermana, entonces sus padres tendrían la necesidad de supervisarlo para así poder reducir las oportunidades de golpear hasta que él haya experimentado la primera consecuencia. De esta manera, la siguiente vez que él tenga la opción de Tiempo Fuera o de una consecuencia, él sabrá que usted mantendrá su palabra y será mejor escoger el irse a Tiempo Fuera.

El rechazo a quedarse en Tiempo Fuera

Seguimos poniendo énfasis en que se le deben dar al niño algunas opciones. Si su niño se levanta de la silla de Tiempo Fuera, *de forma muy calmada regréselo(a)* a la silla con una advertencia: "Si te levantas de la silla otra vez, tendrás que ir al cuarto de Tiempo Fuera". Si su niño no se queda en la silla por segunda vez, entonces llévelo(a) muy gentilmente al cuarto de Tiempo Fuera, dejando la puerta abierta. Si se sale del cuarto, déle otra advertencia, "Si no te puedes quedar en el cuarto con la puerta abierta, entonces yo tendré que cerrarla". Si él/ella se sale del cuarto una segunda vez, entonces usted tendrá que cerrar la puerta. En este escenario hay diferentes oportunidades para que su niño escoja la mejor opción. A lo mejor su niño está probándolo lo más que puede para ver hasta dónde llega el límite las primeras veces, él/ella no tratará otra vez de hacerlo una vez que haya aprendido que usted está preparado a cumplir su palabra con las debidas consecuencias.

Si su niño tiene más de siete años y se sale del Tiempo Fuera, usted puede tratar una manera diferente el cuál involucra el que se le quite un privilegio. Déle una advertencia: "¡Si no te regresas al Tiempo Fuera en este momento, no podrás usar tu bicicleta por esta noche!" (O "no te voy a leer un cuento esta noche" o "No jugarás fútbol después de la cena".) Si su niño continúa rehusándose, entonces usted debe cumplir con quitarle el privilegio y la secuencia del Tiempo Fuera termina ahí.

Esté preparado para ignorar al niño cuando trate de "soplar y soplar y derribar la puerta."

Inicialmente el mal comportamiento empeorará

Recuerde que, cuando empiece a usar por primera vez el Tiempo Fuera, las conductas inapropiadas van a empeorar antes de que se mejoren. Esté listo para que el niño lo vaya a probar. Algunas veces los niños se van a comportamientos extremos como un recurso para obtener su atención. Recuerde que desórdenes y daños a la propiedad pueden limpiarse o arreglarse.

Sea positivo

Cuando termine el Tiempo Fuera, no regañe ni dé sermones; busque oportunidades nuevas de aprendizaje en dónde el niño pueda tener éxito.

Enséñele a su niño a cómo tomar Tiempo Fuera

Los niños irán a Tiempo Fuera sin resistir si usted les ha explicado el significado de Tiempo Fuera y si lo han ensayado antes de que se necesite. Por ejemplo, usted podría decir: *"Tendrás que ir a Tiempo Fuera si cometes algún error y/o golpeas a alguien. Cuando estés en Tiempo Fuera tendrás tiempo para calmarte y pensar acerca de lo que has hecho. Cuando se termine, tendrás una oportunidad de tratar otra vez"*. Esta explicación no tendrá ningún significado para la mayoría de los niños pequeños hasta que ellos hayan experimentado verdaderamente el Tiempo Fuera, sin embargo, eso representa un contacto respetuoso. También es una muy buena idea el que ensayen con su niño cómo es que él se comportará cuando va a Tiempo Fuera y qué hará y pensará por sí mismo cuando esté en la silla. Usted puede demostrarle a sus niños el decirse a sí mismos, "Alto, cálmate. Puedo calmarme. Lo puedo hacer. Puedo lidiar con esto. Respiraré profundamente. Trataré otra vez". El practicar esta auto conversación le ayudará a su niño a ganar auto control y a aprender a calmarse más rápidamente. Pero recuerde, esta demostración pude ocurrir solamente cuando usted está presentándole el Tiempo Fuera a su niño y no durante un Tiempo Fuera verdadero ya que una vez que usted comience el Tiempo Fuera real, usted debe ignorar las protestas.

Hay muchos peligros a ser evitados en el uso del Tiempo Fuera. En las siguientes páginas, usted encontrará un resumen de problemas con los que se puede encontrar y algunas maneras de cómo resolverlos.

Problemas en la implementación del Tiempo Fuera
Evite críticas y quejas

El mantenerse calmado ante una desobediencia o un comportamiento agresivo puede ser extremadamente difícil. Algunas veces los padres critican a los niños o les dicen insultos o cosas hirientes cuando usan Tiempo Fuera. Algunos ejemplos son: "No puedes hacer nada bien, ¡vete a Tiempo

Fuera!", Ay, ya estoy harto de ti, ¡nunca me obedeces! "¡Vete a Tiempo Fuera!" "¡Has estado insoportable hoy! ¿Cuántas veces te tengo que decir que le pares?". Esto es un proceso destructivo y lo más probable es que resulte en que los niños se rehúsen a ir a Tiempo Fuera o que él mismo responda con insultos. Los padres entonces, responderán con más coraje y esto hará que el problema se haga más grande.

Es razonable pensar que los padres se van a sentir heridos y enojados cuándo los niños se portan mal, les son desobedientes o retan su autoridad. Sin embargo, para evitar que el problema se vuelva mayor, los padres deben decidir el evitar decir críticas y ser corteses, y mantenerse calmados en el momento en que los niños están siendo majaderos, insoportables y no tienen ningún sentido. Esto significa que va a necesitar hacer un trabajo mental llamado "edición" en el cuál usted evitará comentarios y reacciones negativas y le dirá al niño lo que usted quiere que haga exactamente y el por qué, de una manera cortés y positiva. Por ejemplo: "Necesitas ir a Tiempo Fuera porque no hiciste lo que te pedí" o "Acuérdate que el pegar no se permite en casa. ¡Vete a Tiempo Fuera!"

Esto también significa que *no va usted a regañar* al niño cuando termine su Tiempo Fuera. Algunas veces, los padres sienten que ellos tienen que recordar a sus niños el por qué tuvieron que irse a Tiempo Fuera—"Te fuiste a Tiempo Fuera porque golpeaste. Recuerda que no pegamos aquí. Esto me enoja muchísimo". Esto solamente le restriega al niño en la cara lo que hizo mal. Es mejor decirle: "Bien, ahora volvamos a tratar otra vez. Yo sé que lo puedes hacer". Una vez que se haya terminado el Tiempo Fuera, usted tiene que verlo como una oportunidad o un nuevo momento de aprendizaje - una oportunidad de tratar nuevamente y esta vez con éxito.

Identifique los problemas lo más pronto posible

A veces, los padres dejan que los niños estén constantemente quejándose, gritando, discutiendo con un hermano, etc. Pero, de repente, sienten que no pueden aguantar ni un minuto más y explotan con su coraje. "¡Vete en este momento a Tiempo Fuera, me estás volviendo loco! ¡Y dije ahora mismo antes de que te metas en problemas más graves!" En estos ejemplos se pueden ver varios problemas Primero, estos padres se esperan hasta el último momento, ya que están sumamente enojados y casi cerca de perder el control. Segundo, no le dan ninguna advertencia al niño de lo que está pasando, y tercero, no le hacen ver claro el por qué lo están mandando a Tiempo Fuera. Esto no le enseña al niño nada más que una respuesta explosiva a una frustración.

Usted no puede darse cuenta de la acumulación de enojo que una conducta específica inapropiada le está causando a usted, hasta que explota.

¡Tres "strikes" y estas fuera!

Si este es el caso, trate de pensar y observar detenidamente sus reacciones hacia comportamientos específicos. Entonces, si se da cuenta de que el interrumpir o quejarse le hace tener una respuesta emocionalmente fuerte, puede decidir que no es posible ignorar este comportamiento por más tiempo. Este es el momento en el que usted podría introducir a sus niños con la Regla de: *"tres advertencias y estás fuera"*. Dígales que el estarlo interrumpiendo o el quejarse tres veces les causará un Tiempo Fuera. La primera vez que el niño interrumpa, usted le puede decir: "Esa fue tu primera interrupción". Luego, "Esa fue la segunda interrupción", y, finalmente, "Esta fue tu tercera interrupción. ¡Vete a Tiempo Fuera!" Esto le advierte a su niño que su comportamiento es inapropiado y hace que usted se dé cuenta del nivel de acumulación de molestia que le está provocando. De esta manera, queda claro qué tipo exactamente de comportamiento tendrá como resultado un Tiempo Fuera y el comportamiento del adulto demuestra al niño una manera efectiva, calmada y racional de cómo manejar una conducta problema. La clave del éxito es el de mantenerse calmado.

Esperando arrepentimiento

Algunos padres creen que para que el Tiempo Fuera sea efectivo, el niño necesita expresar dolor o remordimiento acerca de la conducta errónea. Cuando esto no pasa, creen erróneamente que el Tiempo Fuera, no es funcional y dejan de usarlo. Ellos pueden considerar que el dar de nalgadas y golpear es más efectivo, porque tendrá como resultado el que el niño llore y exprese remordimiento. Sin embargo, como ya hemos visto, el castigo físico, aunque elimina conductas indeseables a corto plazo, tiende a causar más problemas, porque enseña una forma violenta de resolver los conflictos y no les ayuda a los niños a aprender cómo resolver problemas o calmarse, para que puedan resolver un problema. El golpear al niño, tampoco lo ayuda a aprender cómo resolver un problema, o a tranquilizarse, de forma tal que se puedan manejar los problemas.

Las lágrimas pueden satisfacer las necesidades de los padres que sienten que el niño eso se merece, pero esto no necesariamente refleja una disciplina efectiva. En nuestra experiencia, el ofrecimiento de una disculpa formal, es mucho mejor si no se ha solicitado.

El Tiempo Fuera, no necesita dar como resultado berrinches, lloriqueos o sentimientos de remordimiento para que sea efectivo. Al principio, los niños más pequeños, podrán reaccionar violentamente cuando el Tiempo Fuera se utiliza, pero si se usa con consistencia y frecuentemente, la mayoría de los niños se acostumbran a tomarlo sin mucho coraje. Inclusive, hemos encontrado que algunos niños se imponen el Tiempo Fuera a sí mismos cuando sienten que están empezando a perder el control. El Tiempo Fuera, entonces, sirve para que los niños aprendan a autocontrolarse.

No se sorprenda y que no lo engañen si sus niños le comentan que el Tiempo Fuera no les molesta; están solo fingiendo. Recuerde, el propósito del Tiempo Fuera no es para buscar venganza o para hacer que los niños experimenten algún dolor, sino más bien, para detener el conflicto y evitar los efectos reforzantes de una atención negativa por una conducta errónea. El Tiempo Fuera da a los niños un periodo para calmarse y una oportunidad para pensar en lo que han hecho.

Tiempo Fuera de 5 minutos con 2 minutos de silencio

Es fácil para algunos padres creer que si el Tiempo Fuera es más largo, va a ser entonces, más efectivo. Especialmente, si los niños han hecho algo que realmente no les parece como mentir o robar. Algunos padres aumentan tiempo cuando los niños siguen portándose mal o están gritando en el cuarto de Tiempo Fuera. Esto es más problemático si los padres también están gritándole al niño, "¡te voy aumentar otro minuto por estar gritando!", ya que la atención que se le está dando al niño, de hecho, va a incrementar la conducta errónea. Tiempos Fuera demasiado largos tienden a crear resentimientos en los niños y el aislamiento que se les impone, no deja que ellos puedan aprender de sus experiencias, o de tratar otra vez y de tener éxito.

Algunos padres tienen el problema opuesto. Usan el Tiempo Fuera por un minuto y luego dejan que los niños salgan si golpean la puerta o lloran o prometen comportarse ya bien. Desafortunadamente, dejar que los niños salgan cuando todavía se están portando mal refuerza esa conducta inapropiada. El mensaje que se les comunica es, "si pateas (lloras o prometes) con suficiente fuerza, entonces te dejaré salir".

El Tiempo Fuera más efectivo sólo necesita ser de 3 a 5 minutos (dependiendo de la edad) y el haber permanecido callado o quieto por 2 minutos al final. Así que si su hijo está gritando durante los 3 primeros minutos del Tiempo Fuera y callado por los dos últimos minutos, lo puede dejar salir del Tiempo Fuera (no necesita añadir más tiempo por el tiempo que gritó su niño, solamente asegúrese de que su niño haya estado calmado por 2 minutos antes de que se acabe el Tiempo Fuera). Añadir tiempo por mal comportamiento no hace más efectivo ni elimina los problemas y, de hecho, quizás pase todo lo contrario. Recuerde que el Tiempo Fuera no necesita ser equivalente a lo que haya hecho el niño mal, no necesita ser una sentencia de cárcel como para un adulto. El propósito es darle un periodo al niño para que se calme, una oportunidad para auto controlarse y una consecuencia clara, de que no le recompensa su conducta errónea. El objetivo es que los niños salgan del Tiempo Fuera lo más pronto posible para empezar a darles otra oportunidad de tener éxito.

El sobre uso del Tiempo Fuera

El Tiempo Fuera es usado frecuentemente para corregir conductas malas muy distintas, desde por ejemplo: quejarse, gritar e incluso tirar cosas, golpear o mentir. ¡Algunos padres reportan que lo usan de 20 a 30 veces al día! Este exceso es inapropiado y les quita a los niños, que no se portan bien, la oportunidad de aprender o de demostrar buena conducta. Esto no les enseña ninguna nueva o más apropiada forma de comportarse. A lo mejor esto lo hace para quitárselos de encima a corto plazo, pero, a largo plazo, esto puede causar amargura y puede hacer que los niños se sientan que no pueden hacer nada bien.

Si usted es un fanático del Tiempo Fuera, seleccione el mal comportamiento que a usted le preocupe más (por ejemplo: agresión) y por las primeras tres o cuatro semanas use el Tiempo Fuera solamente para ese mal comportamiento. Después de que el Tiempo Fuera haya reducido efectivamente la frecuencia de este mal comportamiento, entonces usted podría añadir Tiempo Fuera para otro mal comportamiento (por ejemplo: abuso verbal). Para mal comportamientos leves como el quejarse o hacer berrinches, trate de ignorar o de usar consecuencias lógicas en vez del Tiempo Fuera. Más importante aún, es el asegurarse de que usted está pasando más tiempo *apoyando, enseñando y motivando las conductas apropiadas* que el estarse enfocando en comportamientos negativos. El Tiempo Fuera trabajará solamente si hay frecuentemente consecuencias positivas y atención familiar, y elogios por comportamientos apropiados. Recuerde que el Tiempo Fuera es efectivo solamente si es usado esporádicamente. Si usted lo está usando junto con un plan positivo para motivar los comportamientos apropiados de los niños, usted no tendrá que usarlo por largos períodos.

No se espere hasta explotar

Algunas personas tienen la tendencia natural a evitar conflictos y confrontaciones, queriendo que todo se lleve siempre suavemente y feliz. Estas personas no cambian cuando se convierten en padres, y probablemente eviten usar el Tiempo Fuera cuantas veces sea posible. Frecuentemente, se guardan para sí todas las molestias y lidian con los problemas solamente cuando ellos ya han alcanzado un punto de explosión. Evitar conflictos con los niños no les ayuda a aprender que hay consecuencias negativas por mal comportamiento.

Usted necesita ser honesto consigo mismo acerca de cuáles conductas le molestan, son inapropiadas, o harán que los niños pierdan amigos, o se metan en problemas en la escuela. Esto significa que se requiere lidiar con cosas que le molestan en cuanto ocurran de manera clara y positiva. Por ejemplo, le puede decir a alguno de sus niños: "No estoy contento cuándo me desobedeces. Si no limpias la sala, vas a irte a Tiempo Fuera".

Libertad con límites

Algunos padres, evitan usar el Tiempo Fuera porque quieren que la disciplina y la relación con sus hijos sean democráticas y equitativas. Ellos creen que los padres nunca deben imponer su autoridad o ejercer el poder que tienen sobre los niños y que, razonando con ellos acerca de los problemas, es preferible que ponerlos en Tiempo Fuera. Ellos pueden tener la impresión de que el Tiempo Fuera es falta de respeto a los niños y aún una forma de rechazo.

Primero que nada, es importante, no igualar al Tiempo Fuera con una forma general o un estilo general de criar a los niños. Algunos padres son autocráticos, es decir, que esperan, completa obediencia de los niños. Ese tipo de personas puede usar el Tiempo Fuera para aplastar la independencia de los niños, la creatividad, la resolución de problemas y el cuestionamiento de valores. Otros padres son democráticos; ellos piden la opinión de los niños y les explican el por qué ciertas conductas son apropiadas o inapropiadas. Estos padres usan el Tiempo Fuera de una manera respetuosa para enseñarles a los niños cómo auto controlarse y que hay consecuencias por su mal comportamiento. También les enseña que es necesario calmarse antes de resolver una situación de conflicto. La democracia no significa libertad ilimitada, sin reglas, sino más adecuadamente, libertad con límites. Estos límites necesitan ser establecidos e impuestos y, en la mayoría de las familias, normalmente incluyen no lastimar a nadie o destruir cosas, tanto como cooperar, de una manera respetuosa, el uno con el otro.

En segundo lugar, el Tiempo Fuera, no debe ser percibido como un substituto de razonar con los niños o enseñarles algo. Es solamente una herramienta a ser usada brevemente cuando el enojo de un niño o su nivel de frustración es alto. Ya que el niño se calma y se está portando bien, entonces los padres pueden demonstrarle, enseñarle y hablarle acerca de otras conductas mas apropiadas de cómo resolver problemas.

Advertencias del tipo de "Si-entonces", asegurándose que el niño cumpla

En ocasiones, los padres amenazan a los niños con Tiempo Fuera sin intención de cumplirla. Les dicen: "¿Quieres un Tiempo Fuera?", o "¡Te estás buscando que te mande a Tiempo Fuera!" o "¿Estás listo para un Tiempo Fuera?" Estas amenazas tienen el efecto de estar molestando y, porque nunca se llevan a cabo, diluyen la autoridad de los padres. Los niños empiezan a creer que el Tiempo Fuera nunca será usado, especialmente, si las amenazas se cumplen una de diez veces y el resultado será muy probablemente, una resistencia mayor a irse al Tiempo Fuera cuándo éste es impuesto verdaderamente.

Es mucho más efectivo usar una afirmación de, *"si-entonces"*, en vez de una falsa amenaza de irse a Tiempo Fuera. "Si no cierras el refrigerador, *entonces* tendrás que ir a Tiempo Fuera". Después de esto, es importante cumplir una vez que se le ha dado la oportunidad al niño de que obedezca. Solamente mencione "Tiempo Fuera" si tiene el tiempo y la energía para llevarlo a cabo. De otra manera, es mejor tratar de ignorar la conducta errónea.

Cumplir significa que usted debe estar preparado para repetir el Tiempo Fuera si el niño sigue sin obedecerle después de que el primero haya pasado. Si la mamá de Dolores la mandó a Tiempo Fuera, por rehusarse a lavar los trastes, entonces, en cuanto el Tiempo Fuera termine, ella necesita repetir la orden. Si Dolores se rehúsa otra vez, entonces la advertencia del Tiempo Fuera y el Tiempo Fuera en sí mismo, necesitan repetirse hasta que Dolores lave los trastes. Si usted no cumple con su advertencia, entonces los niños aprenderán que el Tiempo Fuera puede ser usado para evadir algo que no quieren hacer. Dejar que el niño escoja cuándo regrese, del Tiempo Fuera, es una de las cosas que deben ser evitadas ya que hay mucha evidencia de que esto hace que el Tiempo Fuera sea inefectivo. Usted debe controlar, ambos, el comienzo y el fin del proceso.

Evite interacción con el niño durante el Tiempo Fuera

Algunos padres, sin darse cuenta, dan atención a los niños cuando están en Tiempo Fuera. Por ejemplo, Tomás grita desde el cuarto de Tiempo Fuera y su papá responde a cada uno de sus gritos con: "Necesitas estar callado antes de poder salir". Otros padres les responden a sus niños cada vez que preguntan: "¿Cuántos minutos me faltan?" Y otros van y vienen del cuarto del Tiempo Fuera o para supervisar a los niños o para regresarlos al cuarto porque se han salido de él. Todas estas acciones son contraproducentes para los propósitos del Tiempo Fuera y son muy reforzantes para los niños.

No debe haber ninguna comunicación con los niños cuando están en Tiempo Fuera. Si usted siente que necesita entrar al cuarto de Tiempo Fuera por miedo a que su hija vaya a romper algo, entonces prevenga eso quitando cualquier objeto del cuarto antes de que ella entre o póngala en un cuarto más seguro. Si usted usa una silla para Tiempo Fuera y su hijo se está distrayendo con el perro o hermanos / hermanas u otras personas, tal vez sea necesario cambiar la silla a un lugar menos interesante, lejos del resto de la familia.

Evite reprimir físicamente
Hay algunos padres que, a veces, cuándo los niños se están saliendo constantemente del cuarto de Tiempo Fuera, los reprimen físicamente en el cuarto. Otros los jalan del brazo para regresarlos o les dan nalgadas para hacerlos cumplir con el Tiempo Fuera. Estas personas justifican las nalgadas o sus acciones físicas diciendo que lo usaron como último recurso ya que todo lo demás les había fallado o como esto sirvió, entonces debe estar correcto hacerlo. El problema con esta conducta *"el fin que justifica los medios"* es que hace perder el propósito del Tiempo Fuera y se enfoca que los niños mantengan control y obedezcan lo cual son solamente metas a corto plazo. Desafortunadamente, las desventajas a largo plazo son muchos mayores comparadas con los beneficios a corto plazo, incrementando la agresión en los niños y proveyendo un modelo de conducta violento para resolver situaciones de conflicto. Tales situaciones son mejor manejadas con una combinación de Tiempo Fuera y una pérdida de privilegios. Por ejemplo, en cualquier momento en dónde usted se encuentre que está tratando de obligar a alguien por la fuerza a ir a Tiempo Fuera o darle al niño Tiempo Fuera, o mantenerlo en Tiempo Fuera, usted necesita cambiar su comportamiento y darle al niño la opción de escoger el irse voluntariamente o tener una consecuencia diferente. Esta técnica les demuestra a los niños una conducta no violenta que mantiene buenas relaciones con los niños.

Hay varias maneras que los niños pueden luchar para obtener el poder que le corresponde a los padres. Una manera se trata cuando los niños se rehúsan a salirse del cuarto ya que el Tiempo Fuera terminó. Si el niño no sale del cuarto porque no quiere cumplir con lo que se le pidió inicialmente debe usted aumentar por minuto el tiempo que se mantenga en el cuarto. Esto lo puede seguir hasta diez minutos y después de esto le puede quitar algún privilegio. Si el niño está en el cuarto por haber pegado a alguien, al terminar el tiempo, le puede abrir la puerta y decirle, "tu tiempo ha terminado, ya puedes salir". Si el niño se rehúsa a salir en este caso, esta bien por que no se le ha pedido, no es necesario que haga nada después del Tiempo Fuera. Simplemente le puede decir, "bueno, sal cuando tu quieras". Otro conflicto se presenta cuando el padre se rehúsa a hablarle al niño por una hora o más durante el día. Lo cual debe implicar una extensión del Tiempo Fuera porque se le está ignorando al niño. La desventaja aquí es que no se le está enseñando al niño la manera ideal de resolver conflictos sino se le está enseñando, retirarse cuando hay un conflicto. Esto solo puede crear más tensión y coraje. En está situación debe usted pensar en qué es lo que le está molestando y hacerle claro al niño qué espera usted de él.

Rehusarse a salir del Tiempo Fuera

Otra forma de enfrentamiento, comúnmente provocado por los niños, involucra rechazos por parte de los niños, para salir del Tiempo Fuera cuando éste ha terminado. Si el niño fue mandado a Tiempo Fuera por no obedecer, entonces es importante que le vuelva a dar la orden original (por ejemplo: "Daniel, necesitas salir de Tiempo Fuera y sacar la basura"). Si el niño se rehúsa a salir del Tiempo Fuera para llevarse la basura, deberá aumentar dos minutos más al Tiempo Fuera. Esto puede continuar hasta por diez minutos y posteriormente un privilegio le podrá ser retirado. Es importante que usted continúe solicitándole al niño que cumpla con la orden original, de lo contrario los niños pueden aprender que ellos pueden dejar de hacer algo si se quedan en Tiempo fuera.

Sin embargo, si el niño está en Tiempo Fuera por haber golpeado, usted puede decir: "tu Tiempo ha terminado, ya puedes salir". Si el niño se rehúsa a salir, en este caso está bien, porque no hay nada que usted necesite que él haga. Simplemente le puede decir: "Sal cuándo estés listo", e ignore cualquier rechazo. Esto tendrá como resultado el que no le dé ningún poder o atención a la desobediencia del niño.

No hay cuarto disponible para Tiempo Fuera

Algunas familias no tienen un cuarto extra adecuado, disponible para el niño que se rehúsa a quedarse sentado en la silla o a ir a algún otro cuarto. Esto no significa que usted no pueda llevar a cabo el Tiempo Fuera, pero que si necesita un plan. Si este es el caso, usted puede usar la estrategia recomendada de quitar un privilegio cuando un niño mayor se rehúsa a ir a Tiempo Fuera. Por ejemplo, usted puede decir: "Si tú te levantas de la silla de Tiempo Fuera otra vez, perderás 30 minutos de televisión", o "tú no irás al juego de béisbol hoy en la noche". Entonces, si el niño se levanta de la silla una segunda vez, termine la secuencia del Tiempo Fuera y cumplir con la consecuencia. Piense en todos los privilegios posibles que usted pueda quitar inmediatamente después de que el niño se rehúsa a permanecer en la silla de Tiempo Fuera. Algunos ejemplos incluyen: pérdida de tiempo en la computadora, televisión y privilegios de usar el teléfono o la bicicleta o de alguna actividad planeada para la noche. Una vez que su hijo haya experimentado esta consecuencia, aprenderá que es preferible completar el tiempo en la silla de Tiempo Fuera que perder el privilegio.

Cruda moral del Tiempo Fuera.

Otros conflictos de poder

Otro conflicto ocurre cuando el padre tiene problema en perdonar al niño después del Tiempo Fuera y podría continuar ignorándolo por una hora o incluso por todo el día. Como ya se mencionó anteriormente, esto no les enseña a los niños a cómo lidiar con conflictos de una manera apropiada, sino que les enseña a rendirse ante el conflicto. Rehusarse a hablarles a sus niños por períodos largos después de haberse portado mal, solamente aumenta la tensión y el enojo. En esta situación debe pensar qué es lo que le está molestando, qué conducta espera de él y luego dejarlo bien en claro. Por ejemplo: "Estoy enojado porque rompiste mi florero. Ahora vas a tener que limpiar el tiradero y pagarlo con tu domingo. Yo te ayudaré a recoger los pedazos".

Otros principios de Tiempo Fuera
Mantenga al niño responsabilizado

Es común que los niños en ocasiones reaccionen fuertemente a un Tiempo Fuera, especialmente al principio. Si su hijo está dañando alguna cosa en el cuarto de Tiempo Fuera hay varias maneras de las que usted puede responder. Primero, la orden inicial necesita ser repetida. Por ejemplo, si el niño se fue a Tiempo Fuera por no guardar la bicicleta, entonces al salir lo primero que tiene que hacer es ir a guardarla. Después de eso se le puede pedir que limpie lo que haya tirado en el cuarto de Tiempo Fuera. Si rompió algo mientras estuvo en el cuarto, entonces se le tiene que hacer responsable, o por pagarlo o pagándolo perdiendo algún privilegio ese día. Si usted está usando el cuarto del niño como Tiempo Fuera y él se dedica a jugar o a revolver cosas en el cuarto, entonces usted necesita encontrar otro cuarto, preferiblemente que sea aburrido, con pocas cosas que a él no le sean interesantes ni reforzante. De esta manera proveyendo pocas oportunidades para que él pueda seguirse portando mal.

Espere resistencia

Un niño gritando, diciendo groserías, golpeando la puerta del cuarto durante el Tiempo Fuera puede ser una experiencia muy desgastante para los padres. Es difícil escuchar el mal comportamiento de los niños sin sentir ansiedad, depresión, o coraje. Usted se preguntará, "¿Se llegará a calmar o qué fue lo que hice mal?". O "A lo mejor no es bueno para él que se altere tanto". Tales sentimientos hacen más difícil el continuar el Tiempo Fuera por el total del tiempo necesario, o usarlo nuevamente. Esto satisface a los padres por el momento, pero le va a enseñar al niño que los berrinches son una buena estrategia para que los padres no lo obliguen a cumplir con las reglas.

Es de esperarse que a veces el Tiempo Fuera vaya a ser más difícil para los padres porque los niños van a tratar de probar los límites de la disciplina. Si usted usó el Tiempo Fuera por pegar, el niño va volver a hacerlo para determinar si la respuesta del padre es consistente y se puede predecir. Si los niños no tienen la experiencia de la misma respuesta del padre, ellos continuarán pegando como un método para lidiar con su conflicto. Para permanecer consistente y para lidiar con la tensión que trae el imponer el Tiempo Fuera (mientras su niño esté dando de alaridos), trate de distraerse llamando a algún amigo que lo apoye, subiéndole al volumen a la televisión, escuchando música calmada con audífonos o haciendo algún ejercicio de respiración profunda (véase el capítulo de Auto-Control).

Tiempo Fuera en público

Cuando los niños se portan mal en lugares públicos como restaurantes, cines o en las tiendas, los padres son renuentes a usar su forma normal de disciplina. Algunos se preocupan de cómo va reaccionar la gente si usan el Tiempo Fuera con sus hijos, en público. Otros están temerosos de que sus hijos aumenten su mal comportamiento en una explosión de berrinche, por lo que, evitan disciplinarlos. Incluso otros, no ven la forma cómo el Tiempo Fuera pueda ser usado en cualquier otra parte que no sea en casa y terminan por usar amenazas y nalgadas. Como resultado, muchos niños han aprendido que las tiendas y los restaurantes son lugares donde ellos pueden actuar libremente, porque sus padres no los van a disciplinar por temor a que los hagan pasar una vergüenza.

Esté preparado para llevar a cabo el Tiempo Fuera en público.

Trate de evitar el uso del Tiempo Fuera en lugares públicos hasta que se haya establecido una consistencia del Tiempo Fuera en la casa por ciertas malas conductas. De hecho, es una buena idea evitar lugares públicos con los niños hasta que se haya obtenido algún éxito con el Tiempo Fuera en la casa. Una vez que sienta confianza que éste método le está sirviendo, entonces el siguiente paso importante será imponer el Tiempo Fuera cuando se repita la conducta agresiva del niño en lugares públicos. Esto significa que tal vez tenga que salirse de la tienda para dar un Tiempo Fuera modificado en el coche o junto a un árbol en el parque. Si no hay un lugar adecuado para el Tiempo Fuera puede decirle: "si no dejas de gritar (o chillar o lo que aplique) entonces tendrás un Tiempo Fuera cuando lleguemos a la casa". Debe de cumplir con esto cuando regresen a la casa. Una vez que se lo cumpla una o dos veces cuando regresen a la casa, la efectividad será mejor para su uso en el futuro. Sus hijos aprenderán que las reglas de la casa aplican no importa en donde estén, y los niños dejarán de estar probando a los padres y aprenderán a comportarse más apropiadamente.

Tiempo Fuera sin prisa
Con frecuencia los padres sienten que no tienen tiempo para efectuar el Tiempo Fuera. Ellos podrían llegar tarde al trabajo, o estar por salir a una junta importante, o estar hablando por teléfono, cuando los niños se comportan mal. Cuando se enfrentan con realizar un Tiempo Fuera y llegar

tarde al trabajo, deciden pasar por alto o darse por vencidos con el mal comportamiento. Esto resulta en que el Tiempo Fuera se use de manera inconsistente lo cual por lo general resulta en que la conducta empeore durante estas ocasiones tan tensas.

Si su niño se porta mal cuando usted se está apurando para alistarse para irse a trabajar necesita planear una estrategia nueva. En un principio esto significa levantarse mas temprano para que haya suficiente tiempo para poder reforzar conductas positivas del niño y llevar a cabo el Tiempo Fuera si ocurren conductas que no son apropiadas.

Apoyándose mutuamente

Ocasionalmente, mientras un padre está imponiendo un Tiempo Fuera, el otro padre o los abuelos o un amigo interrumpirán el proceso al hablarle al niño o discutiendo acerca del uso del Tiempo Fuera. Esto hace más difícil el que se imponga el Tiempo Fuera y resultará en que el niño vea una oportunidad para dividir y conquistar.

Las investigaciones han mostrado que un conflicto con los niños puede expandirse o desviarse creando conflicto entre los esposos, entre padres y abuelos, y entre padres y maestros. Por lo tanto, si un padre está imponiendo un Tiempo Fuera, debería existir un acuerdo en que los otros miembros de la familia darán su apoyo, aún cuando exista un desacuerdo. Más tarde, cuándo los adultos están más calmados deberán platicar, resolver el problema y estar de acuerdo en lo siguiente:

- ¿Qué conductas tendrán como consecuencia un Tiempo Fuera?
- ¿Cómo determinar quién tomará el liderazgo en la realización del Tiempo Fuera?
- Maneras en que ambos padres pueden demostrarse apoyo mientras supervisan el Tiempo Fuera
- ¿De qué manera un padre le puede señalar al otro que él o ella está perdiendo control y puede necesitar ayuda para terminar el Tiempo Fuera
- Maneras adecuadas de dar retroalimentación acerca del uso de la disciplina.

Si los padres se apoyan entre sí como si fueran un equipo habrá menos oportunidades para que los niños se interpongan entre los padres y menos intercambios entre los niños y sus padres acerca del uso del Tiempo Fuera. Esto también sirve muy bien para modelar a los niños como la gente se puede llevar bien.

Si los miembros de la familia se apoyan uno al otro como equipo, habrá menos oportunidad de que los niños provoquen conflictos entre los padres y menos intercambios negativos entre padres y niños en lo tocante al uso del Tiempo Fuera. Esto también sirve para demostrar a los niños cómo las personas pueden trabajar juntos.

El Tiempo Fuera no es una solución instantánea

Algunos padres dicen que el Tiempo Fuera no les funciona. La explicación podría ser cualquiera de las razones que hemos discutido, o pudiera ser que lo han tratado unas cuantas veces y se dieron por vencidos. Sin embargo, es un error esperar que con cuatro o cinco veces que se aplique la conducta problema vaya a ser eliminada.

El Tiempo Fuera no es magia. Los niños necesitan repetir una conducta para poderla aprender. Necesitan muchas oportunidades para cometer errores y para portarse mal y luego para aprender de las consecuencias de sus conductas. Así como le toma a un niño mucha repetición en aprender a caminar, el aprender conductas sociales apropiadas también toma mucha práctica. Recuerde entonces, que aun cuando se aplique el Tiempo Fuera de una manera efectiva la conducta cambia con lentitud. Se requiere tener paciencia. Recuerde que le va a tomar a sus niños por lo menos 18 años para aprender todas las conductas maduras de un adulto que usted espera de ellos.

Aumente su cuenta con amor y apoyo

Algunas veces los padres son muy claros con sus niños acerca de las consecuencias por el mal comportamiento pero no les dan atención y reforzamiento por conductas apropiadas. En otras palabras, se le da mucha atención a las cosas que los niños no deben hacer, y considerablemente menos énfasis en lo que se espera de ellos.

El tiempo fuera es solo un aspecto de la disciplina. Por sí misma no es suficiente. Usted debe aprovechar las múltiples oportunidades para enseñarle a su niño conductas apropiadas. Elogiarlos, alentarlos y ayudarlos a construir su propia autoestima, siempre que sus niños hacen algo positivo es la esencia de la paternidad. Mayormente, su habilidad para realizar comunicaciones efectivas, solucionar conflictos, resolver problemas, hablar positivamente de usted mismo, su habilidad de jugar y de tener empatía por los sentimientos de otros es una parte integral para el desarrollo del desenvolvimiento social y moral de sus niños. De cierta manera, lo que usted hace es aumentar la cuenta bancaria de su

Acuérdese de aumentar su cuenta bancaria.

familia con depósitos de amor, apoyo y entendimiento. Entonces, de vez en cuando, usted hace un retiro temporal y usa el Tiempo Fuera. Por lo tanto, es importante conservar en constante crecimiento su cuenta.

Tiempo Fuera para los padres

Los padres, a veces, pueden reaccionar fuertemente a los malos comportamientos de sus niños porque están exhaustos, enojados o deprimidos por algún otro acontecimiento en sus vidas. Un papá que se enoja con su hija puede realmente estar enojado con su esposa por ignorar sus esfuerzos con los niños. O una mamá que ha tenido un día muy pesado en el trabajo, y ha sido criticada por su jefe, puede enojarse con sus niños por hacer ruido y no dejarla tranquilizarse. Dependiendo del humor y del nivel de energía de los padres, un comportamiento del niño puede parecer chistoso un día y terrible al siguiente.

Acuérdese de usar el Tiempo Fuera consigo mismo.

Aún los padres bien intencionados y amables se llegan a frustrar y a enojar con sus niños. Nadie es perfecto. Pero la tarea importante es la de reconocer los filtros y humores que uno trae a sus percepciones con sus hijos, y aprender a lidiar con el enojo o la frustración. Si usted está deprimido por causa de problemas en el trabajo, puede ser buena idea que usted se tome un Tiempo Fuera, lejos de los niños para así relajarse y obtener una mejor perspectiva. Si Usted está enojado con su esposo(a), podría necesitar Tiempo Fuera para resolver el problema. Para ayudar a sus niños a ser menos agresivos y más capaces para resolver problemas y de manejar conflictos constructivamente, es de vital importancia que usted use Tiempo Fuera cuando sienta que su enojo se está acumulando, para así desarrollar la resolución de conflictos y diferentes maneras de apoyarse y cuidarse el uno al otro. Recuerde que los niños aprenden más de conductas positivas que de críticas. (Vea el Capítulo sobre Controlando Pensamientos que lo descontrolan.

Pasando a un punto más allá de la disciplina

Los niños que son impulsivos, rebeldes, distraídos, hiperactivos y agresivos necesitarán de una supervisión constante por parte de los padres así como una socialización que involucre redirigirlos, advertencias, recordatorios, y un consistente cumplimiento de consecuencias. Sin embargo, una de las cosas más difíciles de realizar, cuando la conducta del niño es molesta, es el de ir más allá del Tiempo Fuera para reparar y reconstruir su relación con el niño. Esto significa el no aferrarse a rencores ni resentimientos después de que las consecuencias se hayan implementado y continuar elogiando y motivando por conductas positivas, así como enseñarles como resolver problemas, habilidades de control emocional y auto dirección. Sea paciente con sus niños así como también consigo mismo.

En resumen...

- Sea cortés.
- Esté preparado para que lo prueben.
- Sea consciente de su propio coraje para evitar explotar de improviso.
- De advertencias.
- De tiempos fuera de 5 minutos con 2 minutos de silencio al ultimo.
- Limite el número de conductas con las cuales use el Tiempo Fuera.
- Úselo consistentemente, con la misma conducta errónea.
- No amenace Tiempo Fuera a menos que esté preparado para hacerlo cumplir.
- Ignore al niño cuando esté en Tiempo Fuera.
- Use formas no violentas como la pérdida de privilegios, como una consecuencia extra después del Tiempo Fuera, si es necesario.
- Responsabilice a los niños de cualquier cosa que hagan en el cuarto, mientras estén en Tiempo Fuera.
- Use Tiempo Fuera en cualquier lado.
- Apoye a su esposo o esposa cuando esté usando el Tiempo Fuera.
- Combine el Tiempo Fuera con otras técnicas de disciplina tales como el ignorar, aplicar consecuencias lógicas o resolución de problemas.
- Espere que el niño tenga que repetir las conductas positivas para aprenderlas.
- Mantenga en su familia un ambiente emocional positivo con elogios, amor y apoyo.
- Use también Tiempo Fuera para usted mismo para relajarse y recuperar sus energías.

CAPÍTULO SIETE

Consecuencias Lógicas y Naturales

Una de las tareas más importantes y difíciles de ser padres es preparar a los niños para que sean más independientes. Este entrenamiento empieza a una edad temprana. Una manera importante de promover la capacidad de los niños para tomar decisiones, su sentido de responsabilidad y la habilidad para aprender de sus errores es a través del uso de consecuencias lógicas y naturales. Una consecuencia natural es lo que resultaría de la acción del niño cuando no existe intervención de un adulto. Por ejemplo, si Ricardo se queda dormido y se le va el camión para ir a la escuela, la consecuencia natural sería que tendría que caminar a la escuela. Si Catalina no quiere usar su abrigo, entonces tendrá frió. Una consecuencia lógica, por otro lado, es creada por los padres, como una consecuencia negativa relacionada directamente con la conducta no aceptable. Una consecuencia lógica para un niño que rompe la ventana de su vecino, sería que hiciera quehaceres domésticos para cubrir el costo de reemplazarla. Una consecuencia lógica para un niño que moja la cama sería pedirle al niño que quite las sábanas y las ponga en la lavadora. En otras palabras, cuándo los padres usan esta técnica, se abstienen de proteger a sus niños de las consecuencias negativas de su comportamiento.

Ejemplos de Consecuencias Naturales:
- Si un niño rompe su juguete cuando está enojado, no tendrá un juguete en buen estado.
- Si la ropa no se coloca en la canasta para lavarla, la ropa estará sucia.
- Si un niño brinca en un charco, tendrá que usar zapatos mojados.
- Si un niño llega tarde para comer, la comida estará fría y los miembros de la familia se habrán retirado de la mesa.
- Si un niño no come durante las comidas, no habrá ningún alimento hasta la siguiente comida y ella tendrá hambre.

Ejemplos de Consecuencias Lógicas:

• Si un niño no está dispuesto a usar los colores en el papel, se le retirarán.
• Si un niño se rehúsa a comer su comida entonces, no habrá bocadillos o postre.
• Si un niño no mantiene el chicle en su boca, se le retirará.
• Si se salpica agua fuera de la tina, se terminará el baño.
• Si el niño no puede hablar en voz baja en la biblioteca, se tiene que salir.
• Si el niño no se puede mantener dentro del jardín, tendrá que jugar dentro de casa.
• Si los vasos se dejan en la sala los niños no pueden tomar ahí el siguiente día.
• Si el niño no ha comido su lunch para las 4:30 p.m., no habrá lunch antes de la comida.
• Si el niño mira la televisión por más tiempo del que le es permitido, la misma cantidad de tiempo que se tomó para ver la televisión se le quitará al siguiente día.
• Si el niño no guarda su bicicleta en el garaje, el uso de la bicicleta se le restringirá por esa tarde.

Las consecuencias naturales y lógicas tienen mejor efecto, para problemas recurrentes, cuando los padres pueden decidir con anticipación cómo le pueden dar seguimiento. Usando consecuencias, puede ayudar a los niños a aprender a tomar decisiones, ser responsables por sus propias conductas, y aprender de sus errores. En las siguientes páginas, discutiremos algunos de los problemas que pueden ocurrir cuando se están estableciendo consecuencias lógicas y naturales y maneras efectivas de resolverlos.

Asegúrese de que sus expectativas sean apropiadas a la edad del niño

La mayoría de las consecuencias naturales y lógicas trabajan mejor para niños de 5 años o mayores. Se pueden usar con niños más pequeños, pero los padres primero necesitan evaluar con cuidado si el niño comprende la relación entre las consecuencias y la conducta. Por ejemplo, si Alejandra no está lista para ir al baño sola pero se le obliga a que limpie sus calzones o que cambie la cama, tal vez ella se sienta juzgada injustamente y humillada sin razón. Mayormente, la consecuencia lógica es un castigo no merecido. Sin embargo, el quitarle el postre o un bocadillo a un niño que se ha negado a comer su comida, es una consecuencia apropiada, ya que el niño aprende que el no comer su comida, causa hambre. Claro está, que consecuencias naturales no se deberían usar si los niños se pueden lastimar físicamente por ellas. Por ejemplo, a un niño de edad preescolar no se le debería permitir que experimente la consecuencia natural al meter su dedo en un enchufe eléctrico o tocar la estufa caliente o correr en la calle.

Cuándo esté pensando en cuáles deben ser las consecuencias naturales que pueden resultar de conductas inapropiadas de los niños, es importante asegurarse de que sus expectativas sean apropiadas para su edad. Debido a las habilidades cognoscitivas involucradas, las consecuencias naturales funcionarán mejor para los niños de edad escolar que para los de edad preescolar. Las consecuencias lógicas que los niños más pequeños realmente entienden son las de oraciones de "si…entonces". Por ejemplo, "si no puedes mantener el chicle dentro de tu boca, entonces te lo tendré que quitar". O a un niño que apunta con las tijeras a otro, se le puede decir: "Si no puedes usar las tijeras con cuidado, entonces, te las quitaré". En estos ejemplos, la consecuencia lógica, al no usar algo como se debe, es quitándole el objeto.

Asegúrese de que usted pueda vivir con sus decisiones

Cuándo algunos padres tratan de establecer consecuencias naturales o lógicas, se les hace difícil permitir que los niños tengan la experiencia de los resultados de sus acciones. Se compadecen tanto de los niños, que empiezan a sentirse culpables de no ayudarlos y tratan de intervenir antes de que ocurra la consecuencia. Por ejemplo, Carla le dice a su hija Ángela, que la consecuencia natural de tardarse en la mañana y no estar lista para ir a la escuela a tiempo, va ser que se tenga que ir en pijama. Cuando llega el momento de afrontarlo, sin embargo, ella no se puede permitir dejar que Ángela vaya en pijama, por lo que la viste. Tal sobreprotección puede crear desventajas en los niños, haciéndolos incapaces de resolver sus problemas o errores.

Cuándo se usan consecuencias, es importante pensar a cerca de las ventajas y desventajas de aplicar esta técnica con ciertas malas conductas. Asegúrese que pueda usted vivir con las consecuencias y no sólo esté dando falsas amenazas. En el ejemplo anterior, Carla debió de haber considerado primero, si estaría dispuesta o no a cumplir con su amenaza y llevar a Ángela a la escuela en pijama si hubiera seguido perdiendo el tiempo. El no cumplir con una consecuencia ya acordada, diluirá su autoridad y privará a los niños de oportunidades para aprender de sus errores.

Asegúrese de que pueda vivir con los resultados.

Evite consecuencias que tarden mucho en suceder.

Las consecuencias deben ser casi de inmediato

El método de las consecuencias naturales y lógicas no trabaja cuando las consecuencias de la mala conducta se dan después de mucho tiempo. Las consecuencias naturales de no lavarse los dientes sería tener picaduras en los dientes. Sin embargo, como esto probablemente no va a ocurrir sino hasta después de 5 a 10 años esa consecuencia natural no sería muy efectiva. Al igual, comer de más puede tener consecuencias a largo plazo demasiado distantes para afectar la conducta de los niños en el corto plazo. Permitir a los niños que descuiden su tarea y vean la televisión cada noche, hasta que el reporte de final de año muestra que han fallado, es otra consecuencia que se presenta demasiado tarde para influenciar en sus hábitos de estudio diario. Tales castigos, a largo plazo, pueden en su lugar, hacer que los niños se sientan desposeídos en lo referente a sus habilidades.

Para los niños de edad preescolar y también los que ya están en la escuela, es importante que las consecuencias se presenten casi inmediatamente después de la mala conducta. Si Daniel daña el juguete de otro niño, el juguete debe ser reemplazado lo más pronto posible y él tendrá que ayudar a pagarlo haciendo quehaceres en la casa o de sus ahorros. Si Lisa no pone su ropa en el lugar en dónde se va a lavar, tendrá que usar ropa sucia. De esta manera Lisa y Daniel, aprenderán de sus conductas inapropiadas y probablemente se comporten mejor la próxima vez.

Dele a su niño opciones por adelantado

A veces los padres usan esta técnica como castigo, no dejando que los hijos sepan las posibles consecuencias por adelantado. El papá de Linda entra a su cuarto una mañana y le dice: "No estás vestida y ya es tiempo de irnos, así que vas a tener que venir ahora mismo, en pijama". No se le da ninguna advertencia y no tiene ninguna opción para decidir poder estar lista a las 8:00 a.m. o de cambiarse en el coche camino a la escuela. No debe sorprendernos que Linda, probablemente va a sentir resentimiento y probablemente no se vea como responsable de las consecuencias de su conducta.

Discuta las diferentes consecuencias con sus niños por adelantado para que ellos puedan pensar en ellas y sepan que ellos van a ser los responsables por la decisión. El papá de Linda le puede decir: "Como te está tomando mucho tiempo alistarte en la mañana puedes tener un reloj despertador o vas a tener que irte a acostar media hora antes"; o "no podrás desayunar y tendrás que cambiarte en el coche". Otro ejemplo de dar opciones al niño sería decir: "Si no has levantado los juguetes para las 7, no habrá postre o lectura de un cuento". Dependerá del niño decidir cómo responder. Haciéndolo de esta forma, puede ayudar a los niños que vean a través de consecuencias positivas, que es mejor responder de una manera positiva en lugar de una manera negativa.

Las consecuencias deben ser naturales o lógicas y no castigos

En ocasiones los padres piensan en consecuencias que no son relacionadas lógica o naturalmente con la actividad. Piense acerca de una mamá que le lava la boca a su hijo con jabón porque ha dicho alguna mala palabra. Aunque ella podría decir que sí es lógico lavarle la boca al niño que ha estado diciendo groserías, es más probable que ella haga que el niño se sienta sucio, degradado y enojado. Otros padres crean consecuencias que son demasiado severas. Por ejemplo: "Cómo mojaste tu cama anoche, no podrás tomar nada del mediodía en adelante", o "Porque no comiste tu cena, te la vas a tener que comer como desayuno"; o "Como me pegaste, yo te voy a morder". Los niños sentirán resentimiento y probablemente traten de vengarse por tales consecuencias. Probablemente se enfoquen más en la crueldad de sus padres que en cambiar su propia conducta.

De hecho, una actitud calmada, y amigable es esencial para decidir y asegurarse que se lleven a cabo las consecuencias. La consecuencia natural de no usar un abrigo cuando hace frío afuera, es que se tendrá frío. La consecuencia lógica de no hacer la tarea, podría ser no ver el programa favorito de televisión. La consecuencia natural de no poner la ropa en el lugar para lavarla, es que la ropa no se lavará. Estas consecuencias no son degradantes ni causan dolor físico. En vez, ayudan a los niños a aprender opciones y a que sean más responsables.

Involucre a su niño siempre que sea posible

Algunos padres establecen programas de consecuencias naturales y lógicas sin incluir a los niños en las decisiones. Esto puede hacer que los niños se sientan traicionados y resentidos. En vez de esto, debe considerar esto, como una oportunidad para usted y sus hijos de trabajar juntos para promover conductas positivas, permitiéndoles sentirse respetados y valorados. Por ejemplo, si sus niños están teniendo problemas peleando por la televisión, usted le podría decir, "parece que están teniendo problemas para ponerse de acuerdo en lo que quieren ver en la televisión. Me siento mal en gritarles y quiero hacer que las tardes sean placenteras para todos nosotros. Pueden decidir rotándose escogiendo un programa o no ver la televisión. ¿Qué prefieren?". Involucrando a los niños en la decisión acerca de las consecuencias, frecuentemente disminuye el que estén constantemente probando a los padres, cuando existe un problema y fomenta su cooperación.

Sea franco y amigable

A veces, los padres debilitan su programa de consecuencias al enojarse con los niños y criticarlos por ser irresponsables. Esto anula el propósito del programa de dejar que los niños descubran por sí mismos, a través de sus experiencias, las consecuencias negativas de su conducta. Además, el enojo y la desaprobación pueden reforzar la mala conducta.

Es importante para los padres ser franco y claro acerca de las consecuencias, estar preparado para asegurarse de que se cumplan y también ignorar las protestas o súplicas de los niños. Si se rehúsan a aceptar las consecuencias, debería usted usar el Tiempo Fuera o la pérdida de un privilegio, cualquiera de éstas que mejor se aplique a la situación. Recuerde que sus niños tratarán de probar hasta dónde llegan sus límites, así que espere que lo prueben. Pero es importante no regañarlos o criticarlos o compadecerse de ellos después de que ocurra la consecuencia. En lugar de esto, una vez que ya se cumplió la consecuencia, se les debe dar una nueva oportunidad para tener éxito.

Las consecuencias deben ser apropiadas

Algunas veces los padres piensan en una consecuencia que dura demasiado tiempo y castiga innecesariamente a los niños. Digamos que Benito, un niño de 7 años, anda en su bicicleta en la calle después de que ya se le dijo que sólo anduviera en la banqueta. La consecuencia lógica sería que los padres guardaran la bicicleta. Sin embargo, si la guardaran por un mes, sería excesivo y haría que Benito se sintiera traicionado y con resentimiento. Mayormente, no le daría ninguna nueva oportunidad de tener éxito en usar la bicicleta responsablemente. Sin embargo algunas personas creen que entre más fuerte y más largo sea el castigo, más efectivo va a ser, lo opuesto es cierto.

Una consecuencia más apropiada en el caso de Benito hubiera sido que sus padres guardaran la bicicleta por 24 horas y, luego, le dieran la oportunidad de tener éxito en la manera con la que él la usa. Si Catalina, de 4 años, está usando las crayolas y empieza a colorear la mesa de la cocina, una consecuencia lógica que se le puede presentar podría ser: "Si no puedes usar las crayolas en el papel, entonces te las tendré que quitar". Si ella continúa coloreando en la mesa, entonces se le tendrían que quitar las crayolas. Sin embargo, se le deben regresar dentro de una media hora para poderle dar otra oportunidad de usarlas apropiadamente. El propósito es hacer que las consecuencias sean inmediatas, cortas y enfocadas al caso y luego, ofrecerle inmediatamente una oportunidad al niño de que trate otra vez y sea exitoso.

Recuerde que este método de las consecuencias, como cualquier otra técnica de educar a los niños, toma tiempo, planeación, paciencia y constancia. Y más que nada, requiere una actitud calmada y respetuosa.

Evite consecuencias que sean demasiado severas.

En resumen

- Aplique las consecuencias, de acuerdo a la edad del niño.
- Asegúrese que usted pueda vivir con las consecuencias que establezca.
- Aplique las consecuencias inmediatamente.
- Déle al niño opciones de consecuencias por adelantado.
- Déles consecuencias naturales sin castigos.
- Involucre al niño siempre que sea posible.
- Sea positivo y amigable.
- Use consecuencias que sean cortas y enfocadas al caso.
- Rápidamente ofrezca oportunidades nuevas de aprendizaje para que vuelva a tener éxito.

CAPÍTULO OCHO

Enseñándole a los Niños a Resolver Problemas

Los niños pequeños, por lo general, reaccionan a sus problemas de manera inadecuada. Algunos lloran, otros pegan y otros van con el chisme con sus padres. Estas respuestas ayudan poco a los niños a encontrar soluciones que les ayuden a resolver sus problemas. De hecho, les crean problemas nuevos. Las investigaciones demuestran que los niños usan estas estrategias inapropiadas, ya sea porque no se les ha enseñado formas más apropiadas de resolver problemas o porque sus estrategias inadecuadas han sido reforzadas sin querer por sus padres o por respuestas de otros niños. Los padres pueden ayudar a sus hijos enseñándoles a cómo pensar en soluciones a sus problemas y a cómo decidir cuáles soluciones son más efectivas.

También se ha demostrado que el temperamento de los niños influencia su capacidad para aprender habilidades más efectivas para resolver problemas. En particular, niños que son hiperactivos, impulsivos, con falta de atención y agresivos son los que más probablemente tengan dificultades cognitivas con las maneras de resolver sus problemas sociales. Estos niños de alto riesgo perciben las situaciones sociales de una manera hostil, generan menos cantidad de maneras pro-sociales de resolver conflictos interpersonales y anticipan menos consecuencias por su agresión. Ellos actúan agresiva e impulsivamente sin detenerse a pensar en soluciones no agresivas o en la perspectiva de la otra persona. Por otro lado, hay evidencia que los niños, que usan estrategias apropiadas para resolver problemas juegan más constructivamente, son más populares entre sus compañeros, y son más cooperativos en la casa y en la escuela. Por lo tanto, los padres tienen un papel clave en la enseñanza de los niños que son agresivos, e impulsivos para pensar en soluciones más pro-sociales a sus problemas, y de evaluar cuáles soluciones son mejores que otras y las que más probablemente llevarán a consecuencias positivas.

Mientras el enseñar maneras más efectivas de resolver problemas es, particularmente, de beneficio para niños de alto riesgo, se deben hacer esfuerzos para mejorar las habilidades sociales y las formas cognitivas de resolver problemas de *todos* los niños. No hay duda, es el papel de los padres el preparar a los niños de hoy para ser ciudadanos responsables, capaces de hacer decisiones pensando en los demás y de enfrentarse con conflictos interpersonales. El éxito del desarrollo de los niños para llegar a ser adultos depende de su habilidad de usar un juicio crítico, habilidades para tomar decisiones efectivas y de poder apreciar diferentes puntos de vista, sin importar su habilidad innata y cultural o su herencia o familiar.

Los padres como ejemplo

Sin lugar a duda, usted ya ha estado enseñando a sus niños tácticas más apropiadas de resolver problemas aunque no se haya dado cuenta, especialmente si ellos tienen oportunidades de observar cómo usa usted sus habilidades para resolver problemas (vea el capítulo catorce Solución de Problemas entre Adultos). Es una experiencia de aprendizaje muy rica para ellos el verlos discutiendo los problemas con otros adultos, negociando, y resolviendo conflictos, y evaluando el resultado de sus soluciones. No obstante que usted no desee que sus niños observen todas las veces que usted resuelve problemas, muchas de las decisiones que usted toma diariamente, proveen buenas oportunidades para que ellos aprendan. Por ejemplo, los niños aprenden al darse cuenta de cómo sus padres dicen "no" cuando un amigo les pide algo. Observan con interés cómo su papá recibe la sugerencia de su mamá de usar algo diferente de vestir. ¿Es su solicitud sarcástica, de enojo, o se concreta a los hechos? Papá, ¿hace gestos, se enoja, coopera o pide más información? Viendo a los padres decidir qué película van a ver el sábado por la noche puede enseñar mucho acerca de: compromiso y negociación. Sus niños aprenden mucho de su comportamiento. Observando cómo reaccionan ustedes, ante las dificultades de la vida diaria. Usted puede ayudar mayormente, pensando en voz alta, sus estrategias positivas de solución de problemas. Por ejemplo, usted podría decir: "¿Cómo puedo resolver esto? Necesito detenerme y primero pensar. Necesito mantenerme calmado. ¿Qué plan puedo seguir para lograr que esto sea un éxito?".

Para los niños, el proceso de resolver problemas puede ser dividido en seis pasos y presentados de acuerdo a las siguientes preguntas:

- ¿Cuál es mi problema? ¿Qué es lo que debo hacer? (Definir el problema y los sentimientos involucrados)
- ¿Cuáles son algunas soluciones? ¿Qué otras soluciones existen? (Pensar en diferentes soluciones)

- ¿Cuáles serán las consecuencias? ¿Qué pasa (sucede) después?
- ¿Cuál es la mejor solución o decisión? (Evaluar las consecuencias en términos de seguridad, justicia y de buenos sentimientos)
- ¿Estoy usando mi plan? (Implementarlo)
- ¿Cómo lo hice? (Evaluar lo qué pasó y reforzar los esfuerzos)

Para los niños entre tres y ocho años, el segundo paso—generando posibles soluciones- es una habilidad clave para aprender. Mientras que la implementación y la evaluación se dan más fácilmente entre los niños mayores, los niños pequeños primero necesitan considerar soluciones posibles y entender que algunas soluciones son mejores que otras. La habilidad de pensar de antemano en qué resultados son posibles con diferentes soluciones, es un paso muy grande en el desarrollo y será particularmente difícil, para los niños pequeños o aquellos que son hiperactivos e impulsivos.

PASO UNO: Razone problemas hipotéticos

Una manera divertida de empezar a razonar formas de resolver problemas, es pedirles a sus niños que actúen como "detectives" que están tratando de resolver un problema. Luego, mediante cuentos o títeres, pueden crear ambientes difíciles y pedirles que inventen cuantas soluciones puedan imaginar. Más de estos problemas pueden encontrarse en dos libros muy animados para niños, llamados: *Wally's Detective Bocks for Solving Problems at Home and at School* (Webster-Stratton, 1998). Aquí se muestran algunas situaciones con problemas hipotéticos que usted puede tratar de resolver junto con su niño usando los seis pasos descritos en este capítulo:

- Un niño menor que tú te ha empezado a golpear. ¿Qué harías?
- Un niño ha estado jugando con un juguete por mucho, mucho tiempo y tú has querido jugar con ese juguete. ¿Qué puedes hacer?
- Sólo queda un pedazo de pizza y tú y tu hermana lo quieren. ¿Qué harás?
- Rompiste la lámpara favorita de tu papá. ¿Qué vas a hacer?
- Un niño en la escuela está constantemente molestándote. ¿Qué se puede hacer?
- Quieres conocer a un vecino nuevo. ¿Cómo lo lograrás?
- Tu mamá te mandó a tu cuarto por haber sido grosero con tu hermano cuándo él empezó. ¿Qué debes hacer?
- Perdiste un par de zapatos nuevos que tu papá te compró para un juego de fútbol. ¿Qué tienes que hacer?
- Quieres ver un programa especial en la televisión, pero tu mamá no te deja. ¿Cómo lo puedes conseguir?

- Le pides a otros niños jugar con ellos y ellos no te dejan. ¿Cómo vas a actuar?
- Otro niño se burla de ti por tu nuevo corte de pelo. ¿Qué harás?
- Le pides a otro niño que juegue a la pelota contigo y él o ella se rehúsa. ¿Qué vas a hacer?
- Tu hermano te rompe un modelo de juguete en el que has estado trabajando por 2 semanas. ¿Qué acción vas a tomar?

El primer paso para ayudar a los niños a entender si tienen un problema es el que estén conscientes de sus sentimientos. Si se están sintiendo incómodos (tristes, enojados o preocupados) esto será una clave importante de que hay un problema que resolver. Por lo tanto, cuando se habla acerca de estos problemas, ayúdele a su niño a identificar los sentimientos de las personas involucradas en las situaciones. Algunos niños tienen un vocabulario limitado para expresar sus sentimientos. Para que esos niños lleguen a resolver sus problemas efectivamente, será necesario ayudarlos a expandir su vocabulario sentimental. Una vez que ellos sean capaces de reconocer y clasificar sus sentimientos, entonces usted puede ayudarlos a aprender a definir el problema acertadamente. Por ejemplo: "Así que, te sientes enojado porque tu compañero no quiso compartir la pelota de fútbol contigo".

Otro aspecto de esta fase de definición del problema, también involucra el tratar de ayudar a su niño a pensar en los sentimientos de los demás en tal situación. Por ejemplo: "¿Cómo crees que se siente el niño que tiene la pelota de fútbol?

Algunos niños tienen dificultad en captar los signos de los sentimientos de los demás en una situación o pueden mal interpretar los sentimientos de los demás, llevándolos a decisiones inadecuadas.

PASO DOS: Generando soluciones

Después de definir el problema, el siguiente paso es el de ayudarle a su niño a pensar en tantas diferentes soluciones, opciones o decisiones como pueda imaginarse para resolver el problema. Si su niño no puede pensar en ninguna solución al principio, sugiérale algunas ideas. Trate de que estas discusiones de cómo resolver problemas sean divertidas, usando caricaturas, cuentos o títeres. Podría usted hasta sugerir que escribieran un cuento juntos acerca de cómo resolver el problema. Evite criticar o ridiculizar las ideas de sus niños por muy tontas que sean. En vez de esto, fomente su imaginación y trate de generar soluciones creativas. Asegúrese de elogiarlos por sus intentos de resolver el problema. En particular, es muy útil elogiarlos por diferentes soluciones que aporten (por ejemplo:

Únase con su niño para resolver problemas.

"¡Qué buen trabajo, esa sí que es una idea diferente!") porque esto fomentará una variedad más amplia de soluciones en lugar de, variaciones de la misma idea.

Aquí se muestran algunas soluciones que se podrían proponer para las tres primeras situaciones hipotéticas antes mencionadas:

- Gritarle (a él o a ella). Aparentar tristeza o llanto. Alejarse. Reírse de él/ella. Regresarle el golpe. Decirle que no pegue. Llamar a un papá.
- Quitárselo. Pegarle. Esperarse un rato. Preguntarle. Decir por favor. Hacer otra cosa divertida.
- Intercambiar algo. Hablar acerca de sus sentimientos. Rogarle. Proponer que lo compartan. Decir por favor. Tomarlo. Partirlo a la mitad.

PASO TRES: Examine a fondo las consecuencias

Después de generar varias soluciones posibles, el siguiente paso es ver qué es lo que pasaría si se implementara cada una de ellas. Una vez que las consecuencias se han discutido, ayúdele al niño a evaluar cuál opción o solución sería la mejor. Si, por ejemplo, su hija dijo que engañar o pegarle a una amiga es una solución para obtener un juguete, ayúdela a considerar lo que podría pasar, como: perder una amiga, meterse en problemas u obtener el juguete. Luego considere las consecuencias posibles a una solución diferente, como pedirle a la amiga el juguete: a lo mejor le dirá que no o la ignorará, o, a lo mejor conseguirá el juguete. Muchas veces los niños se sorprenden o se enfadan cuándo las cosas no salen de acuerdo a su plan. Parte de ésto se puede evitar si se detienen a predecir diferentes resultados que podrían suceder a causa de su conducta. Asegúrese de que esta actividad no se vuelva tediosa o compulsiva. Ellos no tienen que discutir absolutamente todas las consecuencias de cada decisión.

PASO CUATRO: ¿Cuál es la mejor opción o solución?

Después de revisar posibles resultados de algunas soluciones, el siguiente paso es ayudar a su hijo a decidir cuáles pueden ser una o dos de las mejores decisiones a probar. Con sólo mencionarlo como una opción, le da al niño la responsabilidad del problema.

Escoger la mejor solución involucra a los niños preguntándose a sí mismos tres preguntas: ¿Es segura la solución? ¿Es justa? ¿Me lleva a obtener buenos sentimientos? Si la solución llena estos criterios, entonces los niños son motivados a probarla. Usted podría pedirles a los niños a ponerlas en práctica con usted.

PASO CINCO: Poniendo en práctica las habilidades para resolver problemas

El quinto paso cuando se involucra a los niños en juegos de solución de problemas hipotéticos, es para que sus niños piensen en situaciones en las cuales ellos puedan usar la solución con la que ellos están de acuerdo. Más tarde durante el día, si usted observa un problema similar que esté ocurriendo en la vida real, puede ayudar a su niño a usar la solución para tratar de resolver el problema. Por ejemplo, después de haber tenido estas discusiones de cómo resolver problemas, su hijo viene corriendo quejándose que su hermana le quitó su libro favorito o su hija viene llorando porque su hermanito la mordió. Usted puede responder siguiendo los pasos de solución de problemas arriba señalados. Aunque es tentador decirles lo que deben hacer, es mucho más efectivo, ayudarles a pensar en posibles soluciones. Resolver problemas a la mitad de un conflicto es mucho más difícil de resolver que problemas hipotéticos o situaciones sin importancia. Los niños pueden estar tan enojados y molestos que no puedan pensar con claridad. Podría usted tratar de calmarlos a través de razonar con ellos para que puedan crear algunas soluciones. A veces los niños pueden estar tan alterados emocionalmente que necesiten ir a un breve Tiempo Fuera hasta que se calmen. En ocasiones, un problema es tan molesto que es mejor discutirlo después cuando los dos, usted y el niño, han tenido tiempo para calmarse y ganar una mejor perspectiva.

PASO SEIS: Evaluando los resultados

Cuán a menudo se ha dicho a usted mismo: "Max comete los mismos errores una y otra vez. Parece que no aprende de sus errores o no recuerda lo que ha pasado en otras ocasiones". La razón de esto es que algunos niños carecen de la habilidad de usar el pasado para prepararse ante el futuro. Ellos no saben cómo acordarse de experiencias pasadas o de ver cómo es que esas experiencias se puedan aplicar a lo que está pasando ahora. Es por eso que el sexto paso es importante porque ayudará a su niño a aprender cómo evaluar si tuvo éxito en la solución de un problema (ya sea hipotético o en la vida real) y si pudiera ser usado nuevamente en el futuro. De esta manera los motiva a volver a pensar en el evento pasado y anticipar si ésta sería una buena opción para el futuro. Usted puede ayudar a su niño a evaluar la solución y sus consecuencias haciendo las mismas tres preguntas que ellos se hicieron cuándo estaban escogiendo una buena solución:

- ¿Fue segura? ¿alguien salió lastimado?
- ¿Fue equitativa?
- ¿Cómo te sentiste acerca de esta solución y cómo se sintieron los demás?"

Si la respuesta es negativa a cualquiera de estas preguntas, entonces motive al niño a que piense en soluciones diferentes. Usted le podría decir: "Bueno esa no fue la mejor solución y no queremos hacer lo mismo otra vez ya que esto nos trajo malos sentimientos, ¿qué otra decisión podríamos tomar si esto pasara de nuevo?" Finalmente, el aspecto más importante de este paso es reforzar al niño por su esfuerzo por resolver el problema. Elógielo y ayúdele a que se felicite a sí mismo por sus buenos pensamientos, sin tomar en cuenta la calidad de la solución que fue propuesta.

A continuación nos enfocaremos en algunos de los problemas que los padres pueden encontrar cuando ellos intentan enseñar a los niños a resolver problemas. También incluiremos algunas maneras efectivas de tener éxito.

Primero descubra el punto de vista de su niño acerca del problema

A veces, los padres llegan a una conclusión demasiado rápido acerca de cuál es exactamente el problema del niño. Por ejemplo, la mamá de Tania decide que su hija está teniendo problemas en compartir, sin entender que desde el punto de vista de Tania, en primer lugar, el problema es que su amiga le arrebató los crayones. O posiblemente, Tania compartió sus crayones con su amigo, pero después su amigo se negó a regresárselos. Si su mamá toma una decisión rápida acerca del problema, tal vez, enfoque sus energías en la dirección equivocada. Al mal interpretar la situación, puede que le dé una regañisa a Tania acerca de cómo compartir. Esto puede traer como consecuencia que los niños se resistan por varias razones. A nadie le gusta que se le culpe por cosas que no ha hecho, y Tania probablemente se moleste por ser tratada injustamente y si está preocupada pensando en la injusticia, y en cómo recuperar sus crayolas, no va a escuchar ni una palabra de las buenas ideas de su mamá.

Su primer tarea es tratar de entender el problema desde el punto de vista de su niño. Por lo general necesita hacerle preguntas como, ¿qué pasó?, ¿qué es lo que pasa? o ¿me puedes platicar al respecto? Este tipo de preguntas, no sólo ayuda al niño a clarificar el problema en su propia mente, sino que también asegura que usted no salte a conclusiones equivocadas de lo que está pasando. Una vez que usted esté segura que entiende, podría decir en la situación de Tania, "ahora entiendo cuál es el problema. Compartiste tus crayolas pero tu amigo las usó demasiado tiempo y no te las quiso regresar. Y eso te hizo enojar". A fin de que los niños puedan aprender algo de un problema, es importante que la solución sea relevante a su percepción de la situación. Dándose cuenta los niños (de) que usted entiende su punto de vista, es la forma de incrementar su motivación para enfrentar el problema en forma cooperativa.

Fomente en su hijo que proponga múltiples soluciones

Muchos padres creen que dándoles la solución a los niños cuando tienen un problema, les ayuda a aprender a cómo resolverlo. Por ejemplo, dos niños que pudieran tener problemas compartiendo una bicicleta, y el padre responde diciendo, "deben de jugar juntos o tomar turnos. Arrebatar la bicicleta no está bien". O "tienes que compartir, Juanito se va a enojar y no será tu amigo si no compartes con él, no puedes ir por ahí tomando cosas. ¿Te gustaría si eso te hiciera a ti?" El problema con este método es que el padre le está diciendo a los niños qué hacer antes de que se hayan dado cuenta de cuál es el problema, desde su punto de vista. Mayormente, no les ayuda a pensar acerca del problema y cómo resolverlo; en vez de fomentar el aprendizaje de cómo pensar, se les está diciendo, que pensar y la solución se les está imponiendo.

Es mucho más efectivo guiar a los niños, en primer lugar, a pensar acerca de qué pudiera haber causado el problema que en darles la solución. Invítelos a que piensen en diferentes soluciones. Si quiere usted ayudarles a que desarrollen el hábito de resolver sus propios problemas, ellos necesitan ser alentados a pensar por sí mismos. Se les debería pedir que expresen sus sentimientos acerca de la situación, hablar acerca de sus ideas para resolver el problema y anticipar qué es lo que pudiera pasar si aplican una solución en particular. El único momento en que usted necesita ofrecer soluciones es si sus niños necesiten algunas ideas para empezar a generar soluciones.

Solución de problemas guiada

El problema opuesto ocurre cuando los padres piensan que le están ayudando a los niños a resolver un conflicto diciéndoles que ellos deben resolverlo por sí mismos. Esta conducta podría tener éxito si los niños ya tienen buenas habilidades para resolver problemas, pero para la mayoría de los niños pequeños no va a resultar. En el caso de Max y Tomás, peleándose por un libro, resultaría probablemente en discusiones continúas y Tomás, que es el niño más agresivo, se quedará con el libro. Por lo que, a Tomás se le están reforzando sus conductas inapropiadas porque pudo obtener lo que quiso y Max es reforzado por darse por vencido, porque la pelea terminó cuando él cedió.

El papel de usted como padre es enseñar a los niños a que resuelvan problemas por sí mismos, guiándolos por los pasos de solución de los mismos. Puede fomentarles que hablen en voz alta acerca de lo que están pensando y puede elogiar sus ideas y sus esfuerzos en solucionarlos. De esta manera usted le reforzará el desarrollo de un estilo de pensar que les ayudará a lidiar con todo tipo de problemas. Anímelos a que piensen en diferentes tipos de soluciones al problema. Luego ayúdeles a que enfoquen su atención en las consecuencias de cada solución. El paso final es ayudarles a que evalúen cuales podrían ser las mejores.

Sea positivo y divertido

A veces los padres tratan de ayudar a los niños diciéndoles cuales soluciones son tontas, inapropiadas, o que no parece que van a tener éxito. Esto les puede hacer sentirse ridículos y probablemente dejen de generar soluciones. Otro tipo de problema ocurre cuando los papás se vuelven muy obsesivos acerca de este proceso y obligan a los niños a que generen tantas soluciones y consecuencias que su análisis se vuelve muy confuso.

Evite ridiculizar, criticar o hacer evaluaciones negativas de las ideas de sus niños. En lugar de esto, incítelos a pensar en cuantas soluciones sean posibles y a dejar que le den rienda suelta a su imaginación. Si ellos tienen una atención corta o se aburren fácilmente, no todas las soluciones se tienen que ver en detalle incluyendo sus posibles consecuencias, en vez de esto, enfóquese en dos o tres que sean las más probables de tener éxito.

Pregunte acerca de sus sentimientos

Cuando algunos padres solucionan problemas, ellos evitan discutir sentimientos. Se enfocan exclusivamente en la manera de pensar, la solución y las consecuencias. E inmediatamente, se olvidan de preguntarles a los niños cómo se sienten acerca del problema o cómo se sintió la otra persona en ésa situación. También es importante para los papás que estén conscientes de sus propios sentimientos. Al escuchar a su hija comentar que de la casa de Julia, la regresaron a su casa, por haberle pegado, puede provocar sentimientos de frustración, enojo o depresión. Usted necesitaría controlar sus emociones antes de tratar de ayudar a su niño con sus sentimientos relacionados con la situación.

Motive a los niños a pensar en sus sentimientos provocados por un problema, o por la posible consecuencia de una solución. Recomiéndeles que consideren el punto de vista de la otra persona en la situación. Podría preguntarle a su hija, "¿Cómo te sientes porque te mandaron a la casa? ¿Cómo crees que Julia se sintió cuando le hiciste eso? ¿Cómo te sentiste cuando ella hizo eso?" Pregúntele cómo podría descubrir lo que otra persona está pensando o sintiendo, "¿Cómo puedes descubrir si a ella le gusta tu idea? ¿Cómo puedes decir que ella está triste o feliz?" Esto le ayudará a sus niños a tener más empatía y debido a que están tratando de entender el sentimiento de otras personas y sus puntos de vista, resultará en una mejor disposición para resolver un problema, negociar, comprometerse y cooperar. Mostrando sus propios sentimientos también los ayuda a entender que usted está de acuerdo con ellos.

Fomente muchas soluciones

Conforme sus niños generen soluciones, tenga cuidado de no criticarlas porque no son suficientemente buenas. Permítales pensar en la mayor cantidad sin comentarios de su parte en lo tocante a la calidad o su potencial de efectividad. Luego puede usted ofrecer algunas de sus propias ideas creativas, sin embargo, más bien como sugerencias y no como órdenes. Investigaciones han demostrado que una diferencia entre los niños bien equilibrados y los que no lo están, es que el bien equilibrado, sea más propenso a generar un número mayor de soluciones a problemas. La meta entonces es incrementar la posibilidad de que sus niños generen numerosas ideas.

Use preguntas abiertas y parafrasee

El usar preguntas abiertas incrementa el pensar del niño acerca del problema. Mientras usted pueda tener la tentación de hacer preguntas de: "¿Porqué?" ("¿Porqué hiciste eso?"), o preguntas de selección múltiple ("¿Le pegaste porque estabas enojado o porque se estaba burlando de ti...?") o preguntas cerradas ("¿Le pegaste?"), evite estas formas porque o resultan en una respuesta de "si" o "no" o terminan la discusión, debido a sentimientos de defensa o de culpabilidad. Preferentemente pregunte: "¿Qué?" o "¿Cómo?", por ejemplo, "¿Qué pasó?" o "¿Cómo te sientes?" o "¿Qué otros sentimientos tienes?" o "¿Cómo crees que la otra persona se siente?" Estas preguntas que son abiertas tenderán más a incrementar el que el niño se involucre en el proceso de resolución de problemas.

Parafraseando, es decir, explicando o reflexionando lo que dijo el niño también ayuda a que ellos se sientan escuchados y valorados por sus ideas. La ventaja de explicar es que puede estructurar lo comentado por su niño a un lenguaje más apropiado. Por ejemplo, cuando a su niño se le preguntó cómo se sentía, el respondió, "él es un verdadero tonto"; esto se puede parafrasear como: "Te escuchas realmente enojado con él". Esto, eventualmente, le ayudará a su niño a desarrollar un mejor vocabulario para resolver problemas.

Piense en consecuencias tanto positivas como negativas
Cuando los padres discuten posibles consecuencias de una solución, ocasionalmente, se enfocan exclusivamente en las negativas. Por ejemplo, un padre y su hijo, pueden estar hablando del resultado de una solución propuesta, como el pegarle a un amigo para que éste le regrese la pelota. Una consecuencia obvia es que el otro niño llorará, estará infeliz y tratará de meter al que le pegó en problemas con sus papás. La mayoría de los papás podrían predecir esta consecuencia. Sin embargo, muchos no ven la forma en cómo el hecho de pegarle va a dar como resultado el que le regrese la pelota. Es importante ser honesto con los niños y explorar tanto las consecuencias positivas como también las negativas. Si el pegarle le va a servir a corto plazo, el niño también necesita pensar qué efecto tendrá a largo plazo esa conducta, en el deseo de su amigo de jugar con él. Evaluando todos los posibles resultados, los niños pueden tomar mejores juicios en cuanto a qué tan efectiva es su solución.

Represente su forma de pensar en voz alta
Algunos padres planean su tiempo para resolver sus propios problemas cuando los niños ya están acostados, porque no se sienten cómodos permitiéndoles a ellos que los observen. Estas personas pueden pensar que deben presentar un frente unido a sus hijos. Mientras que ésto es cierto en cuanto a la disciplina, no siempre es cierto en otras áreas. Los niños pueden aprender a manejar diferencias de opinión si pueden observar a los adultos resolviendo problemas con efectividad. Mientras que ellos deberían ser protegidos de ser testigos de discusiones de cuestiones mayores, exponerlos a discusiones en que se está en desacuerdo, que se resuelven positivamente, provee una experiencia positiva de aprendizaje.

Mientras que usted no esté dispuesto a aceptar que los niños estén presentes, en todas sus sesiones de solución de problemas, es útil que observen el proceso de la resolución de problemas cotidiano, que ocurre en familia. Pueden aprender al observarlo a usted y a su esposa decidir quién va a encontrar a alguien que cuide al niño por el fin de semana, quien va ir a la tienda de compras o cómo decidir dónde tomar unas vacaciones. Aún para los padres solteros, hay una infinidad de oportunidades para que los niños le observen discutir un problema o conflicto, generando soluciones, y luego trabajando para evaluar cuál pudiera ser la mejor solución al problema. Usted puede actuar la resolución del problema en voz alta de forma tal que maneje planes para una fiesta o distintos

Aliente a los niños a resolver
el problema entre ellos.

arreglos, o decidir cómo va a realizar su presupuesto. También les es útil verlo evaluar una solución que no haya dado buenos resultados y escuchar como decide usted una estrategia diferente para el futuro. Las investigaciones sugieren que la oportunidad de que los niños puedan observar a los adultos razonando y resolviendo problemas es crítico, no sólo para el desarrollo de sus habilidades para resolver problemas, sino también para reducir su estrés y ansiedad acerca de cuestiones que no están resueltas.

Enfóquese en pensar y en su auto–control

Con frecuencia los padres creen que el objetivo de resolver problemas es encontrar la mejor solución a una situación en particular. Aunque esto sería agradable si sucediera, el verdadero propósito de llevar al cabo el proceso con sus niños es el de enseñarles una estrategia para pensar y un método de autocontrol, en lugar de generar la solución "correcta".

Cuando usted está resolviendo problemas con sus niños, enfóquese en cómo están pensando, en vez de en conclusiones específicas. Sus metas son las de ayudarles a que se sientan bien cuando piensen acerca de situaciones difíciles. Desarrollarles una base de conocimiento para generar buenas opciones o soluciones y entender estrategias para poder predecir cuáles van a ser las consecuencias de diferentes soluciones. Estas habilidades cognoscitivas y sociales de resolver problemas a la larga los guiarán a un control de sí mismos, cuando se enfrenten con un conflicto en la vida real. Trate de usar los métodos de solución de problemas siempre que usted pueda durante todo el día para ayudar a sus niños a encontrar soluciones a sus problemas.

Considere los siguientes ejemplos de cómo resolver problemas, con los niños, de manera efectiva vs. una manera ineficaz.

Manera ineficaz de resolver un problema:
Dos niños se están peleando por una muñeca y los dos se la están arrebatando:

EL PADRE: Les he dicho mil veces que no se arrebaten sus juguetes.
1ER. NIÑO: Pero es mío
2DO. NIÑO: Ella lo agarró, yo lo tenía primero
EL PADRE: ¿Qué no pueden aprender a jugar juntos? ¡Necesitan aprender a compartir!

El problema continúa.

Manera efectiva de resolver un problema:
Tina está llorando y cogiéndose el brazo.

MADRE: ¿Quién te pegó?
TINA: Sara.
MADRE: ¿Qué fué lo que pasó? (la madre pide el punto de vista de Tina).
TINA: ¡Nada más me pegó!
MADRE: ¿Sabes por qué te pegó? (la madre motiva a Tina a que piense en las causas).
TINA: Bueno, yo le pegué primero.
MADRE: Supongo que estabas enojada, ¿Por qué?
TINA: No me dejaba ver su libro.
MADRE: Ah, eso debe haber sido frustrante. ¿Cómo crees que se sintió ella cuando tú le pegaste? (la madre le ayuda a Tina a pensar en los sentimientos de los demás).
TINA: Enojada.
MADRE: Supongo que por eso te regresó el golpe. ¿Sabes por qué no quería que vieras el libro? (la madre le ayuda a Tina a ver el punto de vista de la otra niña).
TINA: No.
MADRE: ¿Cómo lo puedes descubrir?
TINA: Le podría preguntar.
MADRE: Esa es una buena idea" (la madre promueve que Tina investigue cuales fueron los hechos y descubra el problema).

Más tarde

TINA: Dice que yo nunca la dejo ver mis libros.

MADRE: Ah, ahora ya sabes por qué dijo que no. Puedes pensar en algo que puedas hacer para que ella te deje ver el libro (la madre fomenta que Tina piense en soluciones).

TINA: Le podría decir que ya no voy a ser su amiga si no me lo da.

MADRE: Si, esa es una idea, pero ¿qué pasaría si hicieras eso? (A Tina se le está guiando para pensar en posibles consecuencias de su solución).

TINA: Tal vez ya no juegue conmigo o quiera ser mi amiga.

MADRE: Si, eso es un resultado posible. ¿Quieres que siga siendo tu amiga?

TINA: Si.

MADRE: Puedes pensar en algo más para que ella continúe siendo tu amiga (la madre promueve mas soluciones).

TINA: Le podría intercambiar uno de mis libros.

MADRE: Esa es una buena idea. ¿Qué pasaría si hicieras eso?

En este ejemplo la mamá de Tina le ayuda a pensar por qué le pegaron y a reconocer cuál fue el problema. Cuando se entera de que fué Tina la que le pegó primero, no la regaña ni le da un aviso, pero si le ayuda a su hija a pensar acerca de cómo se sintió su amiga. Mediante la solución de problemas, fomenta en Tina el considerar el problema, y formas alternas para resolverlo.

Manera ineficaz de resolver un problema:

MARCOS: Papi, ven a jugar conmigo.

PAPÁ: No puedo, estoy ocupado.

MARCOS: Ándale papi, por favor, juega conmigo.

PAPÁ: Necesito preparar la comida, después juego contigo.

MARCOS: ¡Por favor! quiero que juegues conmigo ahora.

PAPÁ: Ve a jugar solo mientras preparo la comida. Tienes que aprender a jugar solo, no puedes tener todo lo que quieras en el momento en que lo quieras.

5 minutos después

MARCOS: ¿Papi ya acabaste de preparar la comida?

PAPÁ: Yo te aviso cuando termine. No me estés molestando o no voy a jugar contigo.

Manera efectiva de resolver un problema:

MARCOS: Papi, ¿juegas conmigo?

PAPÁ: Ahora estoy haciendo la comida. Cuando termine esta ensalada, entonces puedo jugar contigo.

MARCOS: ¡Por favor Papi, juega ahora conmigo!

PAPÁ: No puedo jugar ahora, aunque si quisiera. Tus abuelos van a venir a comer y quiero tener esto listo para cuando lleguen.

MARCOS: ¡Ay, papi!

PAPÁ: ¿Puedes pensar en algo diferente que puedas hacer mientras yo termino la ensalada? (el papá le ayuda a Marcos a pensar en otras actividades).

MARCOS: No.

PAPÁ: Estás jugando conmigo. ¿Qué es lo que te gustaría hacer?

MARCOS: Te puedo ayudar a preparar la ensalada.

PAPÁ: Si eso es una cosa que podrías hacer.

MARCOS: O puedo ver la tele.

PAPÁ: Si, ahora ya has pensado en dos cosas. Y si aún quieres que juegue contigo cuando termine, dímelo.

Una confrontación emocional se puede evitar cuando ambos, Marcos y su Papá reconocen el problema y el punto de vista de los otros. Marcos acepta que no puede obtener lo que quiere de inmediato y está dispuesto a esperarse porque es guiado a pensar en qué es lo que está sintiendo su Papá, y sabe que su Papá entiende como se está sintiendo él.

Elogios y más elogios

Durante el transcurso del día observe cuando sus hijos estén tomando decisiones apropiadas y solucionando problemas de manera efectiva. Tómese el tiempo para elogiarlos usando éstas estrategias. Por ejemplo, diga: "¡Han encontrado la solución como auténticos detectives! Se están volviendo muy buenos para resolver problemas manteniéndose calmados".

En resumen...

Enseñando estos pasos para la resolución de problemas sociales no es más difícil que enseñar otras habilidades como andar en bicicleta o aprender a leer. Primero usted enseña el procedimiento paso a paso a seguir y luego simula, repite la práctica y lo refuerza con diferentes situaciones. Gradualmente con el tiempo, la práctica y la persistencia estos "procedimientos" se vuelven automáticos y con experiencias constantes serán ampliadas e integradas. Esto es como cuando se aprende a leer, no existe una expectativa de que las habilidades vayan a ser dominadas en un año o en un curso, sino que se requerirá de instrucción y apoyo continuo. Además, al igual que algunos niños tienen dificultad para aprender a leer o a escribir, existen algunos niños que tienen más dificultad en poder reconocer las normas sociales, entender el punto de vista de otra persona, entender cómo expresar sus sentimientos y aprender estrategias apropiadas para resolver problemas. Promoviendo con persistencia por parte del padre, los niños empezarán a percibirse como tomadores de decisiones competentes y estarán armados con las habilidades necesarias para enfrentarse con los retos de la adolescencia y de la edad adulta.

Recuerde:

- Use juegos, libros y títeres para presentar "situaciones problema" hipotéticas para que los niños puedan practicar los pasos para resolver un problema.
- Ayude a los niños a definir claramente el problema y a reconocer los sentimientos que estén involucrados.
- Para los niños de edad preescolar, enfóquese en generar muchas soluciones.
- Para los niños de escuela primaria, enfóquese en ayudarles a pensar en varias de las consecuencias que produzcan diferentes soluciones.
- Sea positivo, creativo y con buen sentido del humor.
- Sea usted modelo de resolución de problemas efectivos.
- Ayúdele a los niños a anticipar cuál es el siguiente paso cuando una solución no funciona.
- Recuerde que lo esencial es el proceso de aprender a cómo pensar acerca del conflicto, en lugar de estar buscando respuestas correctas.

CAPÍTULO NUEVE

Ayudando a los Niños a aprender a Regular sus Emociones

La liga de menores de béisbol de Memo iba ganando un juego cerrado en contra del equipo líder de la liga; el equipo estaba sumamente emocionado. En la última entrada el juego cambio y el equipo contrario salió adelante con tres carreras. ¡El equipo se sintió presionado! El lanzador del equipo de Memo, asustado tiró la bola hacia la primera base en vez de a "home", permitiendo que el corredor de tercera anotara otra carrera.

Finalmente, el otro equipo salió al campo, y a Memo le tocó ir al bat, iba temblando. Cuando lo poncharon estaba tan enojado que aventó su casco al campo de juego. ¡Su papá gritó: ¡qué drama! ¿Qué no puede aprender a controlarse?

A otro niño, Eric, también lo poncharon y estoicamente) salió del campo de juego. Por su parte, Juan e Isidro rompieron en lágrimas por la pérdida. Un padre gritó: "¡niños de 10 años ya están muy viejos como para llorar! No sean bebés". Otro padre aconsejo: "¡no lloren, enójense!".

Conforme el equipo rechazado se retiró del campo, un niño dijo: "le voy a romper las piernas al pitcher".

Como esta escena lo demuestra, existen diferencias dramáticas entre las respuestas de los niños y las de los padres, respecto a situaciones emocionalmente fuertes. Entender la dinámica que está detrás de las reacciones emocionales, es el primer paso para ayudar a los niños a lidiar con frustraciones y desilusiones en la vida.

Primero, es importante definir los términos: Las emociones son respuestas a situaciones o estímulos que afectan fuertemente a una persona. Observe cómo diferentes compañeros de equipo muestran los tres niveles de reacción emocional.

- El primer—y más básico—nivel, involucra reacciones neurofisiológicas y bioquímicas incluyendo todos los procesos del cuerpo que regulan el sistema nervioso autónomo como es: el ritmo cardíaco, el flujo de la sangre, la respiración, la secreción hormonal y las respuestas neurales. Por ejemplo, una persona que está enojada siente su corazón latir más rápido y su cara enrojecer. El temblor de Memo fue una expresión neurofisiológica.

- El segundo nivel de reacción emocional es la motora y la de comportamiento, donde la persona expresa emoción a través de acciones, tales como expresiones faciales, llorando, miradas fijas, malhumoradas o ausentándose. Juan e Isidro expresaron sus emociones conductualmente cuando rompieron en lágrimas, al igual que Memo cuando aventó su casco con coraje. La forma en que se ausentó Eric del campo, mostró otra expresión conductual emocional.

- Y por último otro muchacho expresó sus sentimientos a través de sus palabras, revelando su reacción cognoscitiva o subjetiva del evento. Es el tercer nivel, el usar la palabra (hablada, escrita o pensada) para etiquetar sentimientos como en: "Me siento frustrado".

¿Qué es Regulación Emocional?

La *Regulación Emocional* se refiere a la habilidad de una persona para proveer un control adecuado sobre sus respuestas emocionales (tanto neurofisiológicas y bioquímicas como cognoscitivas y de conducta) a situaciones provocativas. El término *Desregulación Emocional* se refiere a alguien cuyas respuestas emocionales con frecuencia están fuera de control, como el niño cuya su agresión y coraje no le permitió hacer y mantener amistades, o el niño que se evade de retos emocionales lo lleva a rechazar cualquier nueva actividad.

Así como el caminar, el hablar, y el entrenamiento para ir al baño son pasos del desarrollo, la Regulación Emocional es un logro del desarrollo que no está presente al nacer —o sea, tiene que ser aprendido. Al principio, la Regulación debe ser proveída por el medio ambiente. El niño pequeño que tiene su pañal mojado expresa su incomodidad de la única manera que lo puede hacer, a través del llanto. Ella necesita ayuda del exterior para reducir su tensión interna. El padre ayuda tratando de entender el significado del llanto del bebé y tomando la acción necesaria para calmarla. Como todos sabemos algunos pequeños son calmados con facilidad y otros son más difíciles. Esto sugiere que los niños pequeños nacen con diferencias individuales en su habilidad para auto-regularse.

En los años de uso de carriola y preescolar el sistema Regulatorio Emocional empieza a madurar y la responsabilidad de esta regulación empieza a cambiar del padre al niño. Conforme los niños desarrollan sus habilidades para hablar aumenta su habilidad de nombrar sus emociones, sus pensamientos y sus intenciones, lo cual les ayuda a regular sus reacciones emocionales. Esto significa, en parte, que los niños hacen saber a los padres lo que necesitan para calmarse ellos mismos. Sin embargo, los niños a esta edad aún necesitan de la ayuda del adulto para controlar emociones intensas.

En edad escolar, los niños toman mayor responsabilidad del funcionamiento de sus propias emociones, aunque los padres aún tienen un papel muy importante. A esta edad, la regulación emocional del niño es más reflexiva, guiada por el sentido de sí mismo y del medio ambiente.

Las reacciones emocionales extremas de enojo, angustia y júbilo han disminuido hasta cierto grado cuando llegan a esta edad. En vez de golpear a alguien o explotar en un berrinche cuando están enojados, muchos niños de edad escolar discuten, o posiblemente, incluso son capaces de verbalizar que están enojados. En lugar de expresar su impaciencia quejándose los niños empiezan a ser capaces de poder esperar. En lugar de expresar su júbilo corriendo en círculos, los niños pueden hablar acerca de qué tan emocionados están.

Mayormente, conforme los niños desarrollan sus capacidades de Regulación Emocional, empiezan a separar sus reacciones internas de sus expresiones externas. De esta manera vemos que los niños de edad escolar, quienes pueden estar internamente angustiados por un evento, externamente no demuestran ninguna seña emocional.

Durante la adolescencia las hormonas se empiezan a presentar y crear una agitación en los sistemas emocionales del niño, retando la Regulación Emocional aprendida a través de los años. ¡Los padres pueden llegar a sentir como si su adolescente ha retrocedido a la etapa de Regulación Emocional de un niño de edad preescolar!

¿Qué tan rápido aprenden los niños la regulación emocional?

Así como existe una variación amplia de cuando los niños empiezan a caminar, a hablar o a aprender a usar el baño, los sistemas de auto regulación de algunos niños se desarrollan más lentamente que otros. Aún no sabemos mucho acerca de qué contribuye a crear estas diferencias durante el desarrollo. Sin embargo, las investigaciones sugieren que existen por lo menos tres procesos como base para la habilidad de los niños de regular sus emociones durante su desarrollo:

- *Madurez neurológica.* El crecimiento y desarrollo del sistema nervioso del niño provee la base física necesaria para controlar reacciones emocionales.
- *Temperamento y status del desarrollo.* Algunos niños son más vulnerables a la desregulación emocional debido a problemas de aprendizaje, atrasos de lenguaje, deficiencias de atención o dificultades en su temperamento.
- *Socialización de los padres y apoyo en el medio ambiente.* Las diferencias en la manera en que cada familia habla acerca de los sentimientos (los de ellos mismos y los de otros) están relacionadas con diferencias posteriores en las maneras en que los niños expresan sus sentimientos y regulan sus emociones. Niños que viven con un estrés crónico o con falta de estabilidad y el poder de predecir en su medio ambiente, tienen más problemas con su Regulación Emocional.

No podemos cambiar el sistema neurológico, el temperamento o el status del desarrollo del niño, pero si podemos ayudar a los niños a aprender a regular sus emociones a través del tercer factor, "apoyo y socialización".

A continuación encontrará algunas maneras de cómo puede usted ayudar:

Provea estabilidad y consistencia

Límites consistentes, reglas claras de la casa y rutinas predecibles ayudan a los niños a saber qué se puede esperar. Cuando el hogar se siente estable y seguro, los niños desarrollan los recursos emocionales para lidiar con el mundo exterior que es menos predecible.

Acepte las emociones y las reacciones emocionales de los niños

Los arrebatos emocionales de los niños no son intencionales y tampoco son intentos deliberados para hacerles la vida difícil a los padres. Es normal que los niños se pongan de mal humor o que respondan con gritos, groserías, rompiendo algo o a través de distanciarse queriendo que se les deje solos. Cuando el padre puede "sintonizarse" y entender los estados emocionales de su niño le ayuda al niño a tolerar y a lidiar con cantidades cada vez mayores de tensión emocional. Aún una oración tan simple como "Me doy cuenta que estás tan enojado que no puedas comerte una galleta en este momento", va a ayudar al niño a poder identificar la confusión emocional que está sucediendo en su cuerpo.

Hable acerca de sus sentimientos

Use el lenguaje de los sentimientos con sus niños y ellos empezarán a poder identificar sus emociones más precisamente y a poder expresarlas en palabras. Por ejemplo, en el ejemplo al principio de este capítulo, el padre pudo haberle dicho a su hijo algo como:

> "Me sentí realmente frustrado cuando vi que tu equipo perdió el juego después de haber jugado tan bien todo el tiempo. Me siento triste de que perdiste. Pero lo más importante es que jugaste muy bien. Ustedes muchachos, estuvieron haciendo su mejor esfuerzo y fueron buenos compañeros de equipo; realmente todos se apoyaron entre sí. Me siento orgulloso de ustedes. ¡La siguiente vez, posiblemente ganarán!".

Los padres que usan el lenguaje de las emociones para expresar sus propios estados emocionales y para interpretar las expresiones emocionales (no verbales) de otros están proveyendo a sus hijos con un mecanismo muy poderoso para regular sus emociones. El hablar frecuentemente de los sentimientos les ayuda a los niños a aprender a identificar con precisión las emociones y les muestra distintas formas de lidiar con esas emociones expresando verbalmente los sentimientos. Es menos probable que los niños que escuchan a los adultos expresando sus emociones expresen sus emociones negativas a través de conductas inapropiadas. Estudios sugieren que los niños que aprenden a usar el lenguaje de las emociones tienen más control sobre sus expresiones emocionales que no son verbales, lo cual a su vez aumenta la regulación de las emociones en sí.

Al usar el lenguaje de los sentimientos también muestra cómo los padres resuelven ciertas emociones en particular. Y lo contrario, los padres que intelectualizan o se defienden en contra de las experiencias emocionales podrían estar promoviendo que sus hijos estén reprimiendo sus sentimientos.

Promueva que los niños hablen libremente acerca de los sentimientos

Está tratando de enseñar el control sobre la conducta y no sobre los sentimientos. Asegúrese que los niños entiendan que aunque no siempre está bien que actúen por sentimiento, siempre está bien hablar acerca de ellos, y que todos los sentimientos son normales y naturales.

Evite decir "No estés triste", o "No deberías estar enojado por eso". En vez de esto, póngale "nombre" a los sentimientos de su hijo con precisión y aliéntelo a que hable acerca de la emoción. Conforme su hijo le cuente acerca de su experiencia, escuche atentamente sin juzgar o dar consejos. A veces ayuda compartir una de sus propias experiencias que sea similar.

Los niños también necesitan entender que, así como a una persona le puede gustar el brócoli y a otra no, la gente puede tener diferentes sentimientos acerca del mismo acontecimiento y pueden tener más de un sentimiento a la vez. La lección esencial es que todos los sentimientos son aceptables; algunos se sienten cómodos y a gusto por dentro y otros duelen, pero todos son reales e importantes.

Actúe la regulación emocional

¿Cómo maneja sus propias emociones? ¿Se sale de sus casillas o se aparta en protesta resentido? Sus hijos tenderán a imitar (o modelar) su ejemplo. Hable acerca de sus emociones y sus estrategias de cómo lidiar con ellas.

Por ejemplo, si está empezando a frustrarse mientras está arreglando la podadora en vez de explotar en una tormenta de malas palabras podría decir: "Mejor me detengo, me calmo y me relajo un poco antes de continuar. Estoy tan frustrado que parece que estoy empeorando las cosas. A lo mejor si me retiro del problema por un rato, podré darme cuenta de lo que debo hacer". Como siempre es importante modelar el tipo de conducta que uno espera ver en el niño. Si quiere que su niño maneje sus propias emociones, es importante que lo vea a usted haciéndolo y que vea cómo lo hace.

También manténgase calmado durante los arrebatos emocionales de su niño. Trate de ofrecer sus consejos con palabras suaves y tranquilas, tal vez aún acariciando al niño o dándole unas palmaditas en el brazo o en la espalda. Sin embargo, si su niño está muy alterado, las atenciones y el consuelo tal vez hagan que se altere más. Cuando esto pase, después de tratar de tranquilizarlo un poco, es mejor retirarse y dejar que la conducta alterada del niño se resuelva sola. En cuanto su niño empiece a calmarse le puede decir "Ya sé que te decepcionaste, pero ahora, realmente estás tratando de calmarte. En cuanto estés dispuesto a recibir ayuda para resolver el problema, estoy listo para ayudarte". Con ese tipo de entrenamiento, el niño podría (puede) calmarse lo suficiente para poder expresar lo que está sintiendo.

Enseñe el hablarse a sí mismo de manera positiva

A menudo, pensamientos ocultos, intensifican e incluso causan, emociones negativas como el enojo, la frustración, el miedo o el desaliento. A estos pensamientos se les conoce como "voz interna", aunque los niños los pueden expresar en voz alta. Por ejemplo, un niño que se siente desalentado podría decirle a usted o a sí mismo "Soy un fracaso", "No puedo hacer nada bien" o "Te odio".

En el ejemplo descrito al principio de éste capítulo, Memo y Eric reaccionan de manera diferente porque se dicen a sí mismos algo diferente acerca del incidente. Si le preguntáramos a Memo por qué se molestó podría haber dicho: "el pitcher no supo como lanzar una buena bola". Si le preguntáramos a Eric por qué él no se enojó, podría haber dicho: "no soy bueno para el beisbol, de cualquier manera no le puedo pegar a la pelota". Mientras que Memo responde culpando al otro jugador, Eric responde diciéndose a si mismo palabras negativas. En ambos casos se vieron involucrados en respuestas de conducta negativas y emociones negativas que podrían haberse evitado si se hubieran dicho algo diferente a sí mismos como: "Hice lo mejor que pude y me poncharon pero la siguiente vez lo haré mejor" o "Lo puedo hacer es cuestión de práctica, a todos los ponchan algunas veces".

Los estudios indican que los niños que se hablan a sí mismos de manera negativa se enojan con mayor facilidad comparados con niños que se hablan a sí mismos de manera positiva. Enséñeles a sus niños a decir en su voz interior pensamientos que los calmen, que le ayuden a mantener su control de la situación o le ayuden a darles perspectiva de la misma. Por ejemplo, a un niño al que se están burlando de él puede mantenerse calmado diciéndose a sí mismo: "Puedo lidiar con esto. Solo lo ignoraré. No vale la pena alterarse por esto. Me puedo mantener calmado. Soy fuerte". Ejemplos de afirmaciones positivas con uno mismo incluyen:

- "Respira tres veces".
- "Piensa en felicidad".
- "No voy a dejar que me afecte".
- "A todos se nos molesta de vez en cuando".
- "Todos tienen papás que se enojan con ellos a veces".
- "Puedo lidiar con esto".
- "Puedo calmarme".
- "Tengo otros amigos que si".
- "No lo hizo a propósito, fue un accidente".
- "Todos cometen errores. Nadie es perfecto. Lo haré mejor la siguiente vez".
- "Con más práctica lo haré mejor".

- "Me calmaré y usaré mis palabras con valentía".
- "Mis amigos todavía me quieren, aunque cometa errores en el juego de béisbol".
- "Me sentiré más feliz en un ratito".

Identifique situaciones difíciles y úselas para enseñar cómo resolver problemas

Muchas veces los niños se valen de "estallidos" emocionales porque no han aprendido estrategias para poder obtener lo que desean. Se les puede enseñar a pensar en varias maneras de responder a una situación y las consecuencias de como responden. Estas son las bases de cómo resolver problemas.

La idea básica es la de enseñar a su niño a generar varias posibles soluciones al problema. Cuando se le ocurra una idea, promueva esta conducta y pídale que piense en otra. Cuando esté usted convencido que el niño ha generado todas las soluciones que se le pudieran ocurrir, puede usted ofrecer otras posibilidades. A continuación pídale que piense en las consecuencias de cada una de las soluciones que propuso. Por ejemplo, le puede ayudar a entender que si le pegó a su hermana para quitarle la bicicleta, podría meterse en peores problemas. Finalmente, refuerce su manera de pensar y su esfuerzo por resolver problemas con elogios.

Practicando la forma de manejar situaciones hipotéticas las cuales normalmente molestan a los niños, les ayuda a aprender a controlar su enojo en el futuro. Ensaye con el niño situaciones que típicamente van a provocar alteraciones emocionales (por ej. cuando alguien lo hace repelar, o no son escogidos para jugar con los demás, o cuando pierden en el juego, etc.) y divida el proceso de Resolución de Problemas en seis pasos:

- Definir: ¿Cuál es el problema y cómo me siento en ésta situación?
- Tormenta de ideas de múltiples soluciones: ¿Qué puedo hacer acerca de esto (sin importar lo improbable que sea la idea)?
- Evalúe posibles soluciones: ¿Qué pasaría si hago esto?

- ¿Cuál es la mejor solución? (tomando en cuenta que sea equitativo, seguro y lleve a buenos sentimientos)
- Impleméntelo: ¿Estoy haciendo lo que decidí hacer?
- Evalúe los resultados: ¿Cuál fue el resultado final?

Otra estrategia para enseñar Resolución de Problemas es analizando un problema que haya ocurrido recientemente, dándole nombre a los sentimientos que hayan sido parte de la situación y revisando como el niño pudo haber lidiado con la situación de una manera diferente. No critique o avergüence al niño; en vez de esto enfóquese en ayudar a su niño a identificar qué fue lo que sintió en la situación y a que piense en maneras efectivas para manejar sus sentimientos y de enfrentarse con el problema en el futuro.

Enseñe la "Técnica de la Tortuga"

El hablarse a sí mismo de manera positiva y las estrategias para resolver problemas ayudan a los niños a aprender a regularse emocionalmente a un nivel cognoscitivo o del pensamiento. Pero hay ocasiones en que necesitan ayuda para lidiar con los aspectos neurofisiológicos/bioquímicos del surgimiento de la etapa emocional. Por ejemplo, algunos niños, o todos los niños bajo ciertas circunstancias, se llegan a alterar tanto que no tienen ningún control sobre lo que se dicen a sí mismos y no pueden resolver el problema que se les presenta; su alteración fisiológica produce una desorganización cognoscitiva. Aprender a hablarse a sí mismos de manera positiva le ayudará a calmarse, pero el niño tal vez primero necesite sugerencias adicionales para calmarse. La "técnica de la tortuga" es una manera efectiva de calmarse y un buen primer paso antes de tratar de resolver un problema.

Primero pídale a su niño que se imagine que tiene una coraza, como una tortuga, en la que se puede esconder. Luego enséñele como meterse en la coraza explicándole que se respire profundamente tres veces y se diga a sí mismo: "Detente, respira profundamente y cálmate". Conforme esté

Esto está empeorando. Necesito retirarme y calmarme. Más tarde no parecerá tan mal. Pero si peleamos nos meteremos en problemas y alguién puede salir lastimado.

respirando lenta y profundamente, pídale que se enfoque en su respiración y que se imagine el aire yéndose hacia sus brazos y piernas para que pueda relajar sus músculos. A veces ayuda el imaginarse una escena relajante. Conforme su hijo continua la respiración lenta se le entrena para decirse a sí mismo: "Me puedo calmar. Lo puedo hacer. Lo puedo controlar. Puedo evitar los pleitos". El niño puede permanecer en su "coraza" hasta que se sienta suficientemente calmado para salir y tratar otra vez.

Modele esta técnica de la tortuga para sus niños: Supóngase que están todos en el auto, esperando que otro auto se mueva y usted pueda tomar ese lugar para estacionarse. De repente, otro carro se abalanza y le gana el lugar. Usted dice: ": ¡Estoy tan enojado con esa persona! ¡Yo estaba primero! Bueno, mejor me meto a mi coraza por un momento y así me calmo. Supongo que debo usar mi poder de tortuga y respirar pro-

fundamente varias veces. Bueno, me siento mejor. Vamos a buscar otro lugar para estacionarnos". Para los niños pequeños puede ser muy efectivo practicar y reforzar la técnica de la tortuga usando un pequeño títere en forma de tortuga. Esto provee una imagen visual para el niño de la tortuga metiéndose en su coraza. Si no tiene un títere, podría sacar un libro de la biblioteca que tenga imágenes de una tortuga.

Ayude a los niños a reconocer las etapas cuando empieza a aumentar la tensión

Las primeras señales de aviso de coraje o emoción negativa la conocen todos los padres. El niño hace algún gruñido, se le ve gruñón, se le ve molesto. En la segunda etapa, el niño se vuelve muy tenso, inquieto, y con cambios frecuentes de humor; no importa lo que usted le sugiera, nada parece satisfacerle o interesarle. Una explosión emocional podría ocurrir con la menor provocación. El niño suele rechazar los esfuerzos del padre por controlar la explosión emocional y pueden aumentar su oposición a cualquier cosa que diga el padre. En la tercera etapa, conforme disminuye el berrinche, la depresión suplanta la agresividad; esta se conoce como la etapa del: "déjame en paz". El niño está triste o apacible y no quiere interactuar con sus padres. En la cuarta y última etapa el niño está listo para reanudar sus actividades normales y es posible que se porte como si nada hubiera pasado.

Durante la primera etapa, existe la posibilidad de que una intervención de los padres pueda ayudar al niño a su autocontrol. Intervenga con sugerencias de la "técnica de la tortuga" o el de "hablarse a sí mismo" para calmarse, antes que el niño se agite. Con frecuencia los niños no se dan cuenta de que se están enojando o frustrando y por lo tanto no exteriorizan estas emociones hasta que explotan en un enorme berrinche. En estas primeras señales de peligro aliente al niño a hablar de sus sentimientos y de expresar sus frustraciones de maneras socialmente aceptables. Si su niño tiene dificultades para expresarse, podría usted tratar de comentarle lo que sospecha que el niño está pensando o sintiendo. El entendimiento y la preocupación de los padres pueden ayudar mucho a reducir en esta etapa, que los sentimientos negativos se acumulen.

También es posible intervenir en la cuarta etapa, después de que haya terminado el incidente. En ese momento el padre puede dirigir al niño para resolver el problema y reflexionar lo que pasó y cómo pudiera manejarlo de manera diferente la próxima vez. Incluya cómo usted y el niño se sintieron acerca de lo que pasó, las causas y los primeros indicios de que algo estaba sucediendo y formas distintas de resolver el problema en el futuro.

Durante la segunda y tercera etapa, los niños están por lo general demasiado rebeldes como para responder a la intervención de los padres. De hecho, en esta etapa una intervención podría empeorar el berrinche, o podría sólo llamar la atención misma que reforzará el berrinche. Durante estas etapas, es mejor para el padre el ignorar, mientras supervisa que el niño no se lastime. Si la conducta del niño es tan agresiva o perturbadora que no puede ser ignorada, entonces podría ser más efectivo usar el "Tiempo Fuera".

Use el "Tiempo Fuera" para estallidos emocionales de coraje que son inapropiados

Como hemos aprendido en un capítulo anterior, el Tiempo Fuera es un método efectivo para desalentar las conductas inapropiadas en los niños. Cuando un niño ha golpeado a otro o ha sido destructivo y se le manda a un lugar para el Tiempo Fuera, se le está privando de la atención del adulto por sus conductas agresivas. Los niños anhelan atención, aún la atención negativa es preferible a no tenerla e igualmente refuerza la conducta. Por lo tanto, gritarle al niño por sus malas conductas o dándole por su lado cuando hace berrinches, de hecho aumenta la probabilidad de que los berrinches se vuelvan a repetir. Sin embargo, si no existe un pago por la mala conducta y si el padre retira su atención, las conductas agresivas disminuirán, especialmente si usted esta enseñando conductas alternas las cuales usted refuerza con su aprobación.

Primero que nada, en un momento que su niño esté calmado, explíquele que las conductas agresivas como el pegarle a los demás, el ser grosero con sus palabras y el romper objetos resultará en el Tiempo Fuera. Por ejemplo, los padres podrían presentar un programa de la siguiente manera:

"Leonardo, estoy muy orgullosa por haberte alistado tan rápido en la mañana. Saltas de la cama y te vestiste cuando te llamé. Ahora quiero ayudarte a que tengas éxito controlando tu coraje. Es normal enojarse, pero no podemos permitirte que lastimes a los demás. Entonces, de ahora en adelante, te vamos a ayudar a controlar tu enojo poniéndote en un Tiempo Fuera cada vez que golpees a alguien. Tendrás que ir a un Tiempo Fuera en la silla que se encuentra en la esquina del cuarto por cinco minutos. Y vas a tener que estar callado por dos minutos antes de que puedas levantarte de la silla. Puedes ayudarte a calmarte mientras estés en el Tiempo Fuera usando la "técnica de la tortuga". Además, también vamos a anotar en esta gráfica todas las veces que te mantengas calmado en situaciones que sean frustrantes y cuando hables acerca de tus sentimientos de manera aceptable. Luego vas a poder cambiar los puntos que te hayas ganado en la gráfica por algo que quieras".

Cuando mande un niño a un Tiempo Fuera por lastimar a alguien asegúrese que lo haga sin demostrar coraje o empatía cuando esté haciendo cumplir la regla.

Enseñe a que se expresen los sentimientos negativos de manera apropiada

Como se mencionó anteriormente, los niños necesitan saber que todos los sentimientos son normales (el enojo, la ansiedad, la tristeza y otros sentimientos negativos no se pueden evitar y son normales) pero que existen diferentes maneras de cómo expresar esos sentimientos y que pueden escoger como reaccionar a esos sentimientos. A los niños se les debe enseñar a expresar sus sentimientos negativos con palabras de manera asertiva pero no hostil. Usted les puede ayudar a aprender la diferencia entre defender sus derechos y el lastimar a otra persona; y los puede elogiar cuando expresen emociones difíciles de una manera apropiada. "Está bien decirle a Juan que realmente no te gusta cuando te quita tu pelota. No está bien gritarle y decirle que es un tonto".

Evite la total desinhibición

Estaba de moda, el tratar a niños enojados, alentándolos a gritar y golpear almohadas o una bolsa de boxeo. La teoría era que los humanos eran como una tetera cerrada y necesitaban liberar la presión o coraje de su cuerpo. Sin embargo, no existe ninguna evidencia de que el promover la agresión de cualquier manera que se haga reduzca problemas del control del enojo. De hecho, los niños a los que se les promueve sacar su agresión, aún solo pegándole a una almohada o a una muñeca, ¡de hecho se vuelven más agresivos! Por lo tanto, no es una buena idea permitir que los niños se porten agresivamente, aunque lo hagan con juguetes u otros objetos. En su lugar, promueva expresiones verbales apropiadas de enojo. Es mucho más probable que ésto le ayude a un niño a que se calme.

Niños corajudos por lo general están preocupados por su coraje y no se percatan de los momentos en que están experimentando otros sentimientos. De hecho, pueden confundir la tristeza, el desaliento y la frustración con coraje si no tienen un vocabulario para expresar sus sentimientos. Usted puede ayudarle a su niño a aprender palabras para diferentes sentimientos identificando su sentimiento de frustración o tristeza. Además, para niños que se enojan con frecuencia, es útil hacerlos concientes de las veces en que están experimentando sentimientos positivos como: cuando están felices, emocionados, orgullosos, curiosos o calmados. Durante los momentos de juego con su niño, describa sus sentimientos positivos diciéndole cosas como: "Te ves tan orgulloso del avión que armaste" o, "Realmente te mantuviste calmado y paciente aún cuando fue un arduo trabajo entender cómo armar ese rompecabezas tan difícil".

Cuando nombre un sentimiento negativo júntelo con un ejemplo de oración positiva. Por ejemplo, "Veo que estás muy desilusionado de que todavía no es tu turno, pero te apuesto a que vas a ser capaz de esperar unos minutos más". O, "Con sólo verte la cara puedo decir que estás muy enojado. Pero me siento orgulloso de ti porque estás tratando de mantener tu cuerpo tranquilo y tus manos a tu lado". Aprender cómo "hablar" el lenguaje emocional les dará a los niños mayor capacidad para regular sus emociones y comunicarse con los demás.

Elogie los esfuerzos de los niños por regular sus emociones

Asegúrese de elogiar a sus niños por lidiar con su frustración sin perder el control de su enojo. "Estoy muy contento de que trabajaste tanto, no obstante que estabas perdiendo". Las investigaciones han demostrado que los niños agresivos, impulsivos e hiperactivos reciben más órdenes negativas, y menos elogios, y se les critica más severamente que a otros niños, aún cuando ellos se portan apropiadamente. En esencia, estos niños entrenan a sus padres a que no los elogien o refuercen cuando están exhibiendo conductas positivas porque sus respuestas emocionales les agota demasiado el afrontarlas. Además, como tienen dificultad en reconocer sus propios sentimientos, pueden no darse cuenta de cuando si están controlando sus emociones. Al identificar esos momentos y elogiarlos por sus esfuerzos de controlar sus emociones, usted les está proveyendo de la atención positiva tan necesaria, de la misma manera en que los hace más conscientes de sus procesos internos de regulación.

Es particularmente importante tratar de elogiar conductas que involucren auto-control y tenacidad, la expresión apropiada de sentimientos (ya sean positivos o negativos) y el control de estallidos emocionales, especialmente con niños que pierden fácil el control o que son impulsivos y con falta de atención. Refuerce cualquier actividad que sea tranquila y con un enfoque específico, seguida de alguna situación frustrante o desalentadora. Por ejemplo, podría usted decir: "Eso estuvo fabuloso. Te tranquilizaste tú solo". O "Eso fue realmente difícil. Fuiste paciente y seguiste tratando aún cuando te estabas desanimando con esa tarea de matemáticas tan difícil".

También les puede enseñar a sus hijos a que se refuercen a sí mismos. Enséñeles la forma de elogiarse a sí mismos diciéndose ellos mismos en forma positiva, frases como: "Trabajé muy bien" o "Realmente me mantuve muy tranquilo, fui paciente conmigo mismo y todo salió bien al final".

Cambie la auto-imagen y describa un futuro positivo

A través de sus elogios le ayudará a su niño a cambiar su auto-imagen. Haga que su niño empiece a percibirse como alguien que está teniendo éxito manejando sus emociones. Puede usted predecir los logros de su niño diciéndole cosas como: "Te estás convirtiendo en una persona que realmente puede controlar su enojo muy bien. Eres una persona con mucha fuerza interna".

En resumen...

- Provea tanta estabilidad y consistencia como sea posible.
- Acepte las respuestas emocionales y las emociones de su niño.
- Hable acerca de sus propias emociones (positivas y negativas).
- Aliente a los niños a que hablen de sus sentimientos – evite dar órdenes respecto a los sentimientos.
- Personifique regulación emocional.
- Enséñele a los niños estrategias positivas de cómo hablarse a sí mismos.
- Identifique situaciones típicas que resultan en explosiones emocionales y úselas como un medio para enseñar cómo resolver problemas.
- Enseñe la "técnica de la tortuga" para manejar el coraje.
- Ayude al niño a estar atento cuando se está incrementando su tensión.
- Use el Tiempo Fuera para conductas destructivas.
- Aliente la expresión apropiada de los sentimientos.
- Elogie los esfuerzos de su niño por controlar sus emociones.

CAPÍTULO DIEZ

El Aprendizaje de Habilidades de Cómo Hacer Amigos y Maneras de Lidiar con Problemas con Personas de la Misma Edad

Mi hijo Beto de 7 años nunca ha sido invitado a las casas de sus compañeros de la escuela. Tampoco recibe invitaciones a ninguna fiesta de cumpleaños. Un día Beto llegó de la escuela con lágrimas en los ojos diciendo: "Nadie me quiere. ¿Por qué no quieren ser mis amigos?" Decidí mandarlo al campamento del verano para que aprendiera algunas habilidades sociales y se hiciera de amigos en otro lugar que no fuera la escuela. Dos días después de que empezó el campamento el director del campamento me llamó y me dijo que Beto estaba interrumpiendo las actividades, no quería cooperar con los otros niños. Parece que Beto no pudo adaptarse con los demás y por lo tanto los otros niños lo estaban rechazando. El director se preguntó si realmente estaba Beto listo para estar en un campamento. ¿Qué podría yo hacer para ayudarle para que les pudiera caer bien a los otros niños y para que esté más dispuesto a cooperar? ¿Debo sacarlo del campamento?

Esto es muy triste para mí. Mi hijo no tiene ningún amigo en la escuela. Está solo la mayoría del tiempo. Los niños siempre se están burlando de él. Es muy triste ver que mi hijo sea ese niño que cuando yo iba a la escuela todos decían: "Guácala, no queremos estar con él, es un niño muy raro". Mi meta es que Beto sea feliz, encuentre amigos y tenga paz.

Estos relatos son comunes entre los padres. Como adulto se sabe el valor de una amistad que puede durar toda la vida, y quiere uno que los hijos desarrollen ese tipo de amistades que son íntimas y perduran. También sabemos que no se puede hacer que a los otros niños les caiga bien nuestro hijo.

El observar que su hijo es rechazado y que otros niños de su edad no lo invitan a jugar muy seguido, puede ser muy devastador emocionalmente para usted. Se puede ver el impacto de este aislamiento en la autoestima de su niño y la soledad que le crea. Aunque usted sepa que puede ayudar a su niño a resolver problemas cuando está en la casa, al igual que el enseñarle habilidades sociales y el control de sus emociones, se siente usted impotente en cuanto a lo que le sucede a su niño con sus compañeros en la escuela o en otros lugares en donde socializa. Podría encontrarse evitando mandar a su niño a algún campamento o alguna actividad fuera de la escuela por el miedo a recibir llamadas negativas por teléfono de la persona que supervise las conductas de su niño. Como resultado de esto su hijo pasa más y más tiempo solo, lo cual usted se da cuenta que es contraproducente.

¿Por qué son importantes las amistades de los niños?

Pocos padres necesitan ser convencidos de que las amistades son una parte importante en la vida de sus niños. A través de la formación de amistades, los niños aprenden habilidades sociales como el cooperar, el compartir y el manejo de conflictos. Las amistades también promueven el sentido en el niño de pertenecer a un grupo y empiezan a facilitar las habilidades del niño de poder ponerse en el lugar de otra persona, o sea su habilidad de entender la perspectiva de otra persona. La formación de amistades —o su ausencia – tiene un impacto duradero en la adaptación social del niño cuando es mayor. Estudios han demostrado que los problemas con otros niños de su edad como el aislarse de otros niños o el ser rechazado por otros, ellos predicen una variedad de problemas de conducta y más tarde problemas de adaptación al medio ambiente incluyendo: depresión, el dejar la escuela y otros problemas psiquiátricos en la adolescencia y en la edad adulta.

¿Por qué a algunos niños se les hace más difícil tener amigos?

Para muchos niños de menor edad el hacer amigos no es fácil. Se ha encontrado que los niños que tienen un temperamento más difícil – incluyendo la hiperactividad, la impulsividad y la falta de atención – tienen especial dificultad creando y manteniendo amistades. Su control de impulsos siendo inadecuado los lleva a reacciones agresivas, resolución de problemas muy pobres, falta de empatía y la falta de consideración de consecuencias potenciales por sus acciones. Estos niños también exhiben habilidades retardadas al jugar, que incluyen dificultades que tiene el niño para esperar su turno, para aceptar las sugerencias del amigo, para ofrecer una idea en vez de exigir algo, o para colaborar durante el juego con otros niños de su edad. También se ha encontrado que los niños que no tienen una buena habilidad para sostener una conversación son más susceptibles de ser rechazados por otros niños de su edad. Les cuesta trabajo saber qué decir para empezar una conversación y cómo responder de manera positiva cuando los demás tratan de acercarse a ellos para conversar. Como resultado, les cuesta trabajo unirse al grupo. Los niños con problemas sociales a menudo juzgan mal lo que se espera de ellos en situaciones sociales, por ejemplo, pueden ser impulsivos, o interrumpen cuando se unen a un grupo, tienen dificultades para compartir o esperar su turno, o dicen comentarios inapropiados o críticos a los que están a su alrededor. Como consecuencia sus interacciones les molestan a los niños con los que están, especialmente si los otros niños están tratando de jugar juntos o si están tratando de concentrarse en su trabajo individual. Los otros niños pueden sentirse amenazados de la facilidad con que un niño impulsivo se altera emocionalmente o se vuelve agresivo. Los niños podrían responder aislando, rechazando o haciendo burla del niño impulsivo. Los niños impulsivos que tienen estos tipos de problemas con otros niños de su edad reportan tensiones internas como el sentirse solos, o baja autoestima. Estas auto-percepciones contribuyen a aumentar sus problemas con los demás, al causar que se sientan más sensibles a los comentarios de los otros, al sentir falta de confianza en acercarse a otros niños y a la larga, de retirarse de las interacciones y actividades del grupo. Su aislamiento produce cada vez menos oportunidades de interactuar socialmente y menos oportunidades de poder aprender habilidades sociales apropiadas. El resultado final puede ser: una mala reputación entre sus compañeros de clase y otros niños de su edad y el aislamiento social.

¿Qué pueden hacer los padres?

Tratar de enseñarle habilidades sociales a los niños, puede ser un gran reto para los padres, porque normalmente los padres no están presentes con el niño para incitar al niño a que inhiba sus impulsos o para que se detenga y piense acerca de cómo comportarse con otros niños de su edad. El primer paso es el de enseñarle y practicar estas habilidades en casa. Una vez que el niño haya aprendido las conductas correctas, la tarea del padre es la de motivar al niño a usar esas habilidades cuando sus amigos vienen a la casa a jugar y también colaborando con los maestros para que ellos motiven al niño a usar esas habilidades con sus compañeros en la escuela y con grupos mas grandes de niños.

Enseñe al niño cómo iniciar una interacción y entrar en un grupo

Una de las primeras habilidades sociales es la de enseñarle al niño cómo comenzar una conversación o empezar una interacción con otro niño o grupo de niños. Algunos niños serán tímidos y tendrán miedo para comenzar una

conversación o pedir permiso para unirse a un grupo que ya está participando en una actividad. Para otros niños el problema no es timidez, sino el
ser demasiado entusiastas. Entran sin permiso o sin esperar un momento
adecuado, a un grupo en donde ya están jugando. El resultado es que
son frecuentemente rechazados por el grupo. En ambos casos los niños
necesitan aprender a cómo dirigirse al grupo, cómo esperar que haya una
oportunidad para entrar en el grupo y qué preguntar para unirse al grupo.
Estas habilidades las necesitan practicar con los padres. Puede enseñar
estas habilidades ensayando, el padre primero, demostrando las conductas
correctas y luego el niño practicándolas.

Ejemplo de un ensayo:
El padre se acerca al niño: (se espera y observa al niño jugar por un ratito)

> EL PADRE: Mira, ese juego está interesante. (Se espera a que el niño
> responda)
> EL PADRE: ¿Te gustaría que jugara contigo?
> EL NIÑO: Está bien.
> EL PADRE: Gracias, ¿con qué piezas puedo jugar?

Variación al ensayo:
El padre se acerca al niño: (se espera y observa al niño jugar por un ratito)

> EL PADRE: Mira, ese juego está interesante. (Se espera a que el niño
> responda)
> EL PADRE: ¿Te gustaría que jugara contigo?
> EL NIÑO: No, estoy haciendo esto solo.
> EL PADRE: Bueno, será en otra ocasión. Cuando termines, si quieres
> ayudarme con mi modelo, sería divertido.

Cambio de rol: El padre juega el papel del niño y el niño practica las habilidades.

Juegue diariamente con su niño para demostrar y motivar las habilidades sociales

Mientras que los padres necesitan promover y elogiar a todos los niños por
sus habilidades de jugar amistosamente, es necesario que brinden particular atención para entrenar a los niños: con retrasos en su desarrollo (como
los niños con Autismo o el síndrome de Asperger), a los que se aíslan,
son inseguros y socialmente inhibidos y al igual que aquellos niños que
son impulsivos, hiperactivos y con problemas de atención. Estos niños
están retrasados en sus habilidades para jugar y muchos no han aprendido

los principios de cooperación y el balance entre dar y recibir en las relaciones humanas. Les hacen falta las habilidades necesarias para interactuar recíprocamente y con buena colaboración.

Puede enseñar esto organizando periodos de juego diarios (que duren de 10 a 15 minutos) usando juguetes no estructurados y que se presten para interactuar con ellos, como: cubos, pedazos de madera para construir casitas, materiales para dibujar, etc. Durante estos periodos demuestre saber turnarse, compartir, esperar y dar elogios. Cuando vea a su niño o niños comportándose de esa manera elógielos y use las estrategias de entrenamiento social y emocional que se mencionan en el capítulo uno. Es importante que estos periodos de juego sean dirigidos por el niño, o sea: no dé órdenes, o sea intruso en el juego del niño, no sea impaciente, no tome el mando o lo critique; al contrario siga el liderazgo del niño a través de escucharlo, dando comentarios descriptivos, estando calmado y elogiando sus ideas. Recuerde, los niños aprenden de usted ya que usted es el que les demuestra como jugar cooperativamente.

Enséñele a su niño a cómo hablar con sus amigos

Pobres habilidades de conversación han sido relacionadas frecuentemente con una capacidad social pobre y con un rechazo de los compañeros. Por otro lado, se ha encontrado que el entrenamiento en habilidades para conversar aumenta el funcionamiento social en los niños que no son populares en su escuela. Durante las interacciones de juego, ejemplos de conductas con los títeres y otros juegos con el niño usted puede practicar y entrenar a su niño a aprender habilidades tales como el presentarse a otros, escuchar y esperar su turno para hablar, preguntar al otro niño acerca de sus sentimientos, sugerir una idea, demostrar interés, elogiar a otra persona, dar gracias, pedir disculpas e invitar a alguien a jugar. Empiece por trabajar

en una o dos de estas habilidades para platicar, primero practicándolas y luego incitando y elogiando al niño cuando lo observe practicando alguna de ellas en la casa. Por ejemplo, "aprecio cuando dices "gracias", fue muy cordial de tu parte", o "te esperaste a que yo tomara mi turno primero, eso fue muy generoso de tu parte", o "realmente escuchaste la idea de tu amigo e hiciste lo que sugirió, eso fue muy amigable de tu parte".

Planee días en que el niño y sus amigos puedan jugar en su casa y provea supervisión detallada

Promueva que su niño invite a sus compañeros de clase después de la escuela o los fines de semana. Escoja a los niños que sean un buen ejemplo de cómo llevarse con los demás. Le puede preguntar a su maestra qué compañeros cree ella que podrían tener intereses similares a su niño y que podrían compaginar con el temperamento de su hijo. Al principio mientras está enseñándole habilidades sociales al niño, evite invitar a la casa niños que sean impulsivos o hiperactivos; más bien a alguien que complemente el temperamento de su niño. Asista a su niño cuando esté organizando estas invitaciones y entrénelo a qué decir en el teléfono y a través de hablar con los papás del otro niño para que ellos también sepan de la invitación.

Cuando los amigos sean invitados a la casa, *no deje de organizar este tiempo de juego.* Planee actividades en la que los niños puedan colaborar como: el crear un fuerte en un árbol, conducir un experimento, armar un auto a escala, trabajar en alguna artesanía, cocinar galletas, jugar baloncesto, etc. Planee con su niño lo que al otro niño le gustaría hacer y organice la visita para que tenga un propósito claro y estructurado. Supervise estas actividades de cerca y esté atento a los signos que le avisen que las cosas van por mal camino con los niños. El aumento de necedad, las payasadas, tremendamente juguetones, frustraciones u hostilidad que vayan en aumento son signos de que los niños necesitan un descanso con algún bocadillo o que necesitan cambiar a una actividad mas estructurada o calmada. Demuestre interés en el amigo de su niño preguntándole que le gusta hacer después de la escuela, en que deportes está involucrado, si tiene alguna comida favorita y demás. Evite permitir que los niños pasen el tiempo viendo la televisión juntos o jugando un juego en la computadora, pues ésto da poco tiempo de poder interactuar socialmente y menos oportunidad para que se conozcan. Haga estas primeras visitas relativamente cortas y placenteras.

Entrene y elogie habilidades sociales durante el juego con otros niños en la casa

Empiece por escoger una o dos conductas sociales las cuales le gustaría aumentar en su niño (por ejemplo, compartir o turnarse). Durante el juego a solas con su niño, asegúrese que le haya enseñado a su niño cuáles son estas habilidades. Podría hasta ponerla en una lista para recordarle a usted y a su hijo de las conductas específicas en las que están trabajando. Cuando el amigo de su hijo venga a jugar vigile para cuando estas conductas ocurran y cuando las vea elogie a los niños por su conducta amistosa. Podría crear un juego y darles puntos, estampitas o fichas a los niños cada vez que los vea compartir, turnarse o ayudarse el uno al otro. Los niños de 7 años o más se avergüenzan menos si los llama aparte para elogiarlos y recompensarlos sin que los demás oigan.

Cuando elogie, asegúrese de describir claramente las conductas sociales que está promoviendo. No sólo elogie a su niño por las conductas que acordaron, elogie a los dos niños por su conducta de cooperación y hable

de cómo se están volviendo amigos. Por ejemplo, "¡los dos están coope-rando y trabajando juntos muy bien! ¡Están actuando muy amigablemente y ayudándose entre si a crear esta estructura tan bonita! ¡Realmente juegan bien en equipo!" Revise la lista que creó con su hijo, varias veces por sem-ana, para ver las conductas en las que están trabajando. Recuérdele a su hijo que use esas habilidades cuando vaya a jugar a la casa de algún amigo. Una vez que su niño haya aprendido las primeras habilidades sociales, puede luego agregar diferentes conductas para enfocar su atención.

Algunas conductas sociales con las que su niño podría necesitar ayuda en aprender son: compartir, esperar, turnarse, preguntar (en vez de exigir), dar un elogio, cooperar, ofrecer una sugerencia, aceptar una idea del com-pañero, expresar un sentimiento positivo, ayudar a un amigo, ser paciente con alguien y resolver problemas.

Enseñando cómo resolver problemas/Resolución de problemas

El empezar una amistad es diferente a mantenerla. La habilidad clave para mantener una amista es saber cómo resolver un conflicto. Cuando esta habilidad no está presente, el niño más agresivo es al que le dan por su lado. Cuando esto pasa, todos pierden; el niño agresivo puede aprender a abusar de sus amistades y sentirá el rechazo de sus compañeros por su agresión, mientras que los niños pasivos podrían aprender a ser víctimas. Al mismo tiempo, es importante para los padres ayudar a los niños a resolver el conflicto sin resolverlo ellos mismos. Puede usted tomar el papel de un entrenador que está fuera del juego y cuando exista algún desacuerdo involucre a los niños en el proceso de definir el problema, a pensar en varias soluciones y a escoger una solución para tratarla. Siga los pasos para resolver problemas expuestos anteriormente en el capítulo ocho.

Por ejemplo, vamos a decir que Ana de 6 años y Caro de 7 quieren jugar algo diferente. Ana grita: "¡Quiero jugar a la casita!" y Caro grita: "No, yo quiero hacer collares, jugamos a la casita la última vez", y Ana le contesta, "No, no es cierto, hicimos lo que tú quisiste". En este caso podría usted decir: "Bueno, se nos ha presentado un problema. Las dos quieren jugar algo diferente. ¿Tienen alguna idea de cómo resolver esto?" Lo siguiente sería que pensaran en soluciones como turnarse, combinar la actividad o hacer algo diferente. Una vez que hayan decidido cuál solución tratar, las dos tal vez hayan tenido que dar algo de su parte, pero empezaron a aprender a cómo resolver un conflicto. Asegúrese de elogiar su trabajo en equipo y buena resolución de problemas.

Un juego que puede jugar con sus hijos se llama "el juego de pasar el sombrero". Ponga pequeños papeles enrollados con preguntas escritas en un sombrero. Los niños se sientan junto a usted en un círculo y se pasan el sombrero mientras que toca la música. Cuando la música se detiene la persona que tiene el sombrero escoge uno de los rollitos de papel y trata de contestar la pregunta. Si no puede contestar puede pedir ayuda. Vea a continuación algunas sugerencias para poner en el sombrero. Agregue algunos chistes para que el juego sea más divertido.

- Un amigo te pregunta qué hacer cuando se burlan de él. ¿Qué le dirías?
- Ves que a un amigo se le está excluyendo del juego y hasta lo están tratando de intimidar y empujar fuera del área del juego. ¿Qué debe hacer?
- ¿Qué es una solución?
- ¿Cómo sabes que tienes un problema?
- ¿Qué es una consecuencia?
- ¿Qué tipo de preguntas te puedes hacer para decidir si tu solución tendrá una "buena" consecuencia?
- Tu amigo acaba de perder sus zapatos. ¿Qué puedes decir?
- Tu papá parece como enojado y dice que le está yendo mal en este día. ¿Qué puedes decir?
- Notas que alguien está llorando en la zona de juego. ¿Qué puedes decir o hacer?

Enséñale a tu hijo a hablarse a sí mismo de manera positiva

Cuando los niños sufren un rechazo de alguno de sus compañeros o una desilusión, por lo general tienen pensamientos negativos latentes los cuales refuerzan e intensifican la reacción emocional. A estos pensamientos también se les llama como "auto-habla", aunque los niños a menudo los expresan en voz alta. Por ejemplo, un niño que le dice: "Soy el peor niño, nadie me quiere, no puedo hacer nada bien" está demostrando cómo se habla a sí mismo compartiéndolo con usted. A los niños se les puede enseñar a identificar estos pensamientos negativos y a substituirlos por pensamientos positivos para ayudar a que puedan lidiar con sus frustraciones y a controlar sus estallidos cuando están enojados. Por ejemplo, cuando un niño le propone a otro jugar y éste rechaza esa proposición, el niño puede decirse a sí mismo: "Puedo controlar esta situación. Buscaré otro niño con quien jugar" o "Me mantendré calmado y trataré otra vez" o "Cuenta hasta 10, repitiéndose: Habla no pegues" o "Detente y piensa primero". De esta manera los niños aprenden a regular sus respuestas cognoscitivas o del pensamiento, lo cual a su vez afectarán sus respuestas conductuales. El "auto-habla" provee a los niños un medio para regular sus emociones con sus compañeros.

Ayudando a su niño a controlar su enojo

La agresión y el control de los impulsos inadecuados son quizás los obstáculos más potentes en contra de una solución de problemas efectivo y el éxito en las relaciones sociales en la niñez. Existe también evidencia que los niños agresivos y con problemas de atención tienen más probabilidades de mal interpretar una situación entre sus compañeros o alguna otra persona como hostil o amenazadora. Cuando un niño se altera (el corazón le late mas rápido y respira de prisa), por coraje, miedo, ansiedad o agresión, pierden tanto la habilidad de resolver problemas, así como otras habilidades sociales. Por lo tanto, es necesario que los niños aprendan estrategias para controlar sus emociones en situaciones que provocan su enojo. La "técnica de la tortuga" pide al niño que se imagine que tiene una concha, como una tortuga, en la que pueda retraerse. Cuando el niño se mete en su concha, respira tres veces y dice: "Alto, respira profundamente, cálmate". El niño visualiza una imagen feliz y relajante durante la respiración, que debe ser lenta y se dice: "Puedo calmarme. Puedo hacerlo. Puedo tratar otra vez". Una vez que le haya usted enseñado a su niño esta técnica, puede usar la palabra "tortuga" como una clave cuando vea al niño empezar a descontrolarse. Los maestros también pueden usar esta clave en

Mejor me calmo y abandono mis sentimientos de coraje Los gritos no están me jorando la situación.

el salón de clase poniéndole un sello de tortuga al niño en su mano o dándole una estampita que diga "Puedo controlar mi enojo". (Vea el capítulo 9 para mas información sobre el control emocional).

Promueva contactos positivos con los compañeros en la comunidad

Subscriba a su niño en actividades organizadas de la comunidad como los Scouts, deportes o campamentos de verano. Si su niño es impulsivo y distraído le sugerimos que escoja programas que ofrecen actividades planeadas con supervisión adulta adecuada. Grupos pequeños dan mejores resultados. Trate de evitar actividades con los compañeros que involucren demasiada actividad coordinada o reglas complicadas, y no busque actividades que sean muy pasivas como las ligas de beisbol para pequeños. El peor lugar para poner a un niño con problemas de distracción es alejado del grupo en un campo, porque fácilmente se va a desentender del juego. Es mejor tenerlo cerca de la acción porque esto mantendrá su atención. Evite demasiada competencia, lo cual puede desencadenar una excitación emocional, frustración, aumentando conductas desorganizadas. Por supuesto, la excepción a la regla podría ser si el niño tiene talento en algún deporte en particular. En esos casos va a querer promover esa actividad para que pueda aumentar la auto-estima del niño.

Colaborando con los maestros

Los padres tienen pocas oportunidades de ver a sus niños en lugares en donde están con grupos grandes de niños (¡y éstos son precisamente los lugares donde los niños necesitan practicar sus habilidades!). La conducta en el salón de clase puede ser muy diferente de la conducta en la casa. Aunque su niño se porte bien cuando viene una sola persona de visita a la casa, podría de todos modos tener problemas serios en lugares donde hay mas personas. Es importante juntarse con el maestro de su niño para discutir el manejo de su conducta en la casa y en la escuela. Colabore con el maestro para identificar algunas habilidades sociales positivas que ambos quieran empezar a promover. Prepare una gráfica para estas conductas y ofrezca hacerle una copia al maestro para que tenga una para usar cada día. El maestro puede poner palomitas en estas gráficas cada vez que: el niño alce su mano en silencio, coopere con sus compañeros, participe apropiadamente (en vez de impulsivamente hablando), etc. Al final del día esta gráfica puede ser mandada a casa con el niño, y los padres pueden agregar palomitas dadas en la escuela a la gráfica de conducta que tengan en la casa. Por ejemplo, ganándose cinco palomitas en la escuela podría valer un cuento extra o una actividad especial en la casa. También es ideal si puede usted trabajar con el maestro para crear un programa de incentivos en la

escuela. Por ejemplo cada día que el niño se gane cierto numero de palomitas puede escoger una actividad especial como: más tiempo en la computadora o acceso a empezar la fila para comer lunch, o guiando la discusión en la clase. También ayuda si el maestro asigna a su niño responsabilidades especiales para que otros niños lo vean de una manera positiva.

Para los niños que son altamente distraídos tal vez necesite trabajar con el maestro para abogar que el consejero, un ayudante o el maestro de la escuela, sean asignados como un entrenador. Este entrenador puede juntarse con el niño tres veces al día por cinco minutos para verificar cómo va. Durante este tiempo el entrenador revisa la gráfica de conducta del niño y elogia cualquier éxito que tenga en las interacciones con los compañeros. También puede asegurarse que el niño tenga sus libros listos y sus tareas por escrito en su libreta para lo que sigue durante el resto de la mañana. Durante el almuerzo puede revisar las expectativas para el almuerzo o recreo y de nuevo antes de que el niño se vaya a la casa, puede revisar la conducta del día como también, ver que el niño traiga su gráfica y libros listos para regresar a la casa.

Las actividades de aprendizaje en grupos pequeños, donde es necesario colaborar, también ayudan a prevenir el rechazo de los compañeros. Es importante que se separen a los niños más hiperactivos e impulsivos y coloquen en diferentes grupos, con niños que tengan habilidades sociales. A los niños que se aíslan o tienden a ser víctimas de los demás deben asignársele estudiantes que sean positivos y amigables. Actividades en grupo, cuidadosamente planeadas, en donde los niños pueden cooperar y en donde el enfoque es en el rendimiento de todo el grupo, establece una dependencia positiva entre los miembros del grupo y por extensión, un sentimiento de cohesión para todos los miembros en el equipo. Cuando a cada miembro del grupo se le da la responsabilidad por el aprendizaje de la tarea asignada a los demás miembros, los niños empiezan a sentir responsabilidad mutua entre sí.

Entrenamiento de empatía

Un aspecto clave para el éxito social de su niño es su habilidad para empezar a considerar las preocupaciones, las metas y los sentimientos de los demás. Si su niño no puede considerar el punto de vista de otra persona, podría malentender señales sociales y no saber cómo responder. Aunque el desarrollo de la empatía lleva muchos años, y todos los niños tienden a pensar sólo en sí mismos y son egocéntricos a esta edad, todavía es posible promover la consciencia hacia los sentimientos y perspectiva de los demás en los niños.

Por último, claro está, una relación tierna y amorosa entre padre e hijo, mejora mucho las posibilidades del niño de desarrollar amigos de una manera saludable. Refuerce la auto-imagen de su niño como una persona de valor que puede ser un amigo. La aceptación y confianza de sí mismo afecta en qué tanto el niño va a ansiar la aprobación de sus compañeros. Esfuércese por ser un buen ejemplo y entrenador.

En resumen...

- Durante su juego a solas con el niño sea ejemplo y practique cómo presentarse en un grupo, cómo jugar cooperando y cómo hablar con amigos.
- Continúe durante el tiempo de juego nombrando y elogiando conductas amigables.
- Invite a los amigos de su niño a su casa y tome esta oportunidad para ser entrenador social y emocional.
- Cree juegos cooperativos durante esas visitas, para ayudar a que los niños practiquen habilidades de cómo ser amigos.
- Promueve que su hijo practique diciéndose a si mismo frases positivas y estrategias auto-reguladoras, para mantenerse calmado durante interacciones conflictivas.
- Elogie y establezca programas de recompensa para los niños que tengan dificultades sociales, para mejorar las habilidades sociales en las que se esté trabajado.
- Colabore con los maestros para desarrollar planes de conducta coordinados y sistemas de incentivos, que promuevan las habilidades sociales, en las que se esté trabajando, tanto en la escuela como en la casa.

Para la investigación y otros artículos relacionados acuda a

www.incredibleyears.com